El yo y la destrucción de demonios

El yo y la destrucción de demonios

Jolman Jair Trujillo Mesa
(Mahalaet R+)

www.librosenred.com

Dirección General: Marcelo Perazolo
Diseño de cubierta: Daniela Ferrán
Diagramación de interiores: Julieta L.Mariatti

Está prohibida la reproducción total o parcial de este libro, su tratamiento informático, la transmisión de cualquier forma o de cualquier medio, ya sea electrónico, mecánico, por fotocopia, registro u otros métodos, sin el permiso previo escrito de los titulares del Copyright.

Primera edición en español - Impresión bajo demanda

© LibrosEnRed, 2012
Una marca registrada de Amertown International S.A.

ISBN: 978-1-59754-779-6

Para encargar más copias de este libro o conocer otros libros de esta colección visite www.librosenred.com

Introducción

Debo decirte que el mundo en que te desenvuelves es mucho más complejo de lo que piensas. El paralelismo con otros mundos no explorados por la mente humana nos llena de continuas especulaciones y distintas creencias que deben ser aclaradas en este libro.

Esta obra explica con claridad lo que se encuentra oculto dentro de esos planos desconocidos.

El título exhibe el objetivo primordial del presente tratado. A lo largo de nuestra existencia, hemos creado una serie de demonios que afectan el *yo*, reduciéndolo a una identidad mental que apenas percibimos. El problema radica en que no se sabe nada acerca de cómo tratar estos demonios, debido al desconocimiento que se tiene sobre la existencia de otras dimensiones no físicas. Ese es el tema que estamos a punto de abordar.

Son muchas las cosas que se abrigan dentro del concepto cultural de una sociedad en particular. Estas anidan en la mente humana desde la infancia y, poco a poco, la van moldeando dentro de conceptos, preconceptos, figuras, mitos, ideas, fantasías, miedos, aciertos y desaciertos. De algún modo, esto pone límites a la conducta y determina la pobre acción de la voluntad.

Para el caso es necesario desentrañar los pormenores de nuestra formación tanto física como energética. De este modo se pueden aclarar todos los conceptos relacionados con la constitución de los distintos vehículos de nuestra naturaleza etérica. Mi propósito es dar a conocer nuestro desempeño en otras dimensiones, más allá de nuestra limitada identidad mental.

Al final de la obra se encuentra un apéndice. Lo he escrito con la intención de donar al sendero de la magia mis descubrimientos en el tema, de modo que sirva de apoyo y ayuda para la destrucción de demonios.

El yo dentro de un septenario

Continuamente, estamos refiriéndonos o utilizando el pronombre personal *yo*. *Yo* hice esto, *yo* aquello, *yo* deseo, *yo* pude, *yo* no pude, *yo, yo, yo...*

Pero ¿qué es el *yo*?

En la escuela nos enseñaron que se trata del primer pronombre personal.

Pero ¿de qué está formado? ¿Quién es el *yo*? ¿Es el espíritu? ¿Es el alma?, ¿el pensamiento?, ¿el cuerpo?

Se me hará muy difícil mantener el hilo de estas preguntas y contestarlas en este párrafo. Sin embargo, mi objetivo en el presente capítulo es entregar una clara y concisa explicación que permita responderlas. Para lograrlo, tendré que relacionar temas que, si bien no se alejan de dichos cuestionamientos, nos separarán temporalmente de ellos. Al final, de seguro obtendremos el resultado esperado.

Comenzaré abordando el concepto del número siete.

Pero ¿qué tiene que ver el número siete con el *yo*?

¡Mucho, en realidad! Es un septenario que consolida nuestra formación como ser. Somos una séptupla de energías manifestadas bajo una identidad común.

En el mundo físico se pueden analizar muchas cosas relacionadas con este número.

- Siete son los colores del arco iris.
- La luz se refracta en siete tonalidades, del rojo al violeta, al pasar por un prisma.

- Siete son los días de la semana.
- Siete son las notas musicales.
- Siete son los pecados capitales.
- Siete son las maravillas del mundo.
- Siete son las palabras del sermón en la crucifixión de Jesús el Cristo.
- Siete fueron las plagas de Egipto.
- Siete son los mensajes a las Iglesias en el Apocalipsis.
- Siete días tardó alegóricamente Dios en hacer el mundo, según el Génesis bíblico.
- Siete son los enanos en el cuento "Blancanieves".

Estoy seguro de que buscando se encontrará una serie de atribuciones ligadas a este número. Aquí he expuesto algunas de las más conocidas. Este análisis nos sirve para prestar un poco de atención a esta cifra que caracteriza muchos escritos sagrados, así como también eventos de la naturaleza.

¿Qué llevó a los antiguos hombres a dar tanta importancia a este número? Además, ¿por qué la naturaleza se manifiesta en este sentido?

Analicemos algo simple que nos demuestra la física óptica. Si pasas un haz de luz a través de un prisma, ese rayo luminoso se transforma en un abanico de siete colores reconocibles para el ojo humano —rojo, naranja, amarillo, verde, azul, añil y violeta—. Este evento es llamado dispersión refractiva. A esta gama se la conoce como el espectro visible, debido a que nuestra vista solo puede contemplar las vibraciones hertzianas comprendidas entre el rojo y el violeta.

Esto mismo ocurre con la luz solar cuando, bajo ciertas características atmosféricas, convierte a la atmósfera en un prisma y se forma el arco iris.

En el ser humano ocurre algo parecido. La luz de Dios presente en nosotros también se divide en siete emanaciones poderosas que van desde lo más denso —que es el cuerpo físico— hasta lo más sutil y divino —que es la naturaleza de nuestro espíritu—.

Una vez comprendida la relación que posee nuestra naturaleza íntima con el número siete, me será más fácil explicar en detalle el modo en que se encuentra organizado este septenario en el ser humano.

Para el caso es necesario subdividir estas siete emanaciones en tríadas. Al hacerlo surgen dos ternas; a una la llamaremos inferior y a la otra, superior. Nos sobra una emanación, que oscila entre ambas naturalezas.

Las plantas y los animales nos permitirán explicar con claridad la formación de la primera tríada.

Una planta está constituida por células vegetales. Estas células requieren de oxígeno para respirar y de nutrientes para alimentarse. De este modo, pueden realizar sus procesos bioquímicos.

Gracias a la respiración celular se crean microcombustiones en el interior de la célula. Esto genera el desplazamiento de un torbellino atómico creador de cadenas moleculares, que es necesario para desarrollar la vida celular de la planta.

Desde la antigüedad nos llega hasta nuestros días un refrán hermético que dice: *"Sicut est inferius, est superius"*; como es en lo inferior, es en lo superior. Hoy sabemos que nuestro Sol, esa esfera gigante, posee un enorme campo magnético que ampara todo el Sistema Solar. También sabemos que cada planeta y cuerpo celeste de nuestro sistema posee un campo magnético particular. Todos estos, en conjunto, emanan un campo común. El átomo y el Sistema Solar presentan un alto grado de concordancia en su comportamiento mecánico.

Volviendo a la célula vegetal, diremos que en ese fluir atómico se crean diversos tipos de energía que van desde lo físicamente electrónico hasta lo sutilmente etérico.

El movimiento atómico con su desplazamiento de electrones produce un microcampo magnético; dicho de otro modo, una emanación especial.

Se estima que en una célula se pueden encontrar cerca de 1,5 millones de átomos en continua actividad; todos ellos crean ese microcampo magnético celular, al que vamos a considerar como su vibración íntima.

Una planta está compuesta de millares de células, que, en conjunto, emanan un campo magnético general.

Resumamos acerca de la composición de un ser vegetal:

- Su *cuerpo físico* se encuentra formado por células que, a su vez, están compuestas por átomos.
- Sabemos que respira absorbiendo el oxígeno del medio. A esta energía que ella respira, y que, en realidad, la mantiene con vida, la llamaremos energía vital. En la India, le dieron el nombre de *prana*.
- En la interacción entre el cuerpo físico y el prana, la planta crea una emanación especial, un gran fluido, que podemos comparar con un campo magnético.

Los hombres de la antigüedad expresaron que existía un cuerpo idéntico al físico, pero de apariencia vaporosa, que podíamos reconocer durante el sueño. Lo llamaron *cuerpo astral*, ya que mediante estudios astrológicos se dieron cuenta de que era influenciado por la esencia sutil de los astros. El barón Reichenbach dio a esta energía el nombre de rayos Od. Más tarde, los rusos la llamaron fuerza bioplasmática.

Todas las plantas poseen una vibración astral. Esta les permite relacionarse con su entorno y las hace altamente sensibles a toda influencia energética. Por esto se dice que las plantas sienten, aunque no tengan un sistema nervioso.

El vehículo astral de las plantas es fácilmente impresionable por nuestras actitudes y emociones. Siendo vulnerables a nuestras emanaciones, con mayor razón lo son a las provenientes de los astros.

Entendamos que, al igual que las plantas, también los animales se encuentran conformados por este tríptico: un *cuerpo físico*, un *prana* o *cuerpo vital*, y un *cuerpo astral*. Esta es la primera tríada de nuestro estudio; la llamaremos *tríada inferior* o *tríada animal*. La representaremos mediante un triángulo.

Este andamiaje material carecería de sentido si no tuviera un ocupante. Sería como una nave sin tripulación. En realidad, las formas físicas de los animales y de las plantas son solamente el receptáculo o vehículo de una energía o ser consciente que las habita. Esto nos amplía los conceptos; sin embargo, es necesario adentrarnos un poco más en ellos.

Los antiguos llamaron *elementales* a estos habitantes de los cuerpos. Las plantas y los animales tienen un ánima o elemental que posee cierto *grado de conciencia* que les permite desarrollarse dentro de este mundo material. Es un ser que entiende que existe y es capaz de tomar sus propias decisiones.

Tratar de describir todo el reino elemental y sus múltiples facetas es una tarea más compleja aún que el camino recorrido por la ciencia para descubrir los secretos de la naturaleza. No hay una forma determinada para todas las criaturas. Cada piedra, cada planta, cada microbio, cada especie de insecto o animal es una manifestación física de un elemental que lo gobierna. La diversidad es fantástica y no es una tarea fácil abarcarla completamente.

Para tener una pequeña idea de esto, diré que algunos se asemejan, en ciertos casos, a las criaturas de los cuentos de hadas.

Estos seres habitan en universos paralelos al nuestro y, por dicha, nuestros ojos físicos no pueden percibirlos. Únicamente nos es posible ver aquellos que tienen un vehículo con forma en la naturaleza. Tal es el caso de los animales, insectos, bacterias, virus, protozoarios y plantas.

Llamamos *loco* a aquel que por desdicha tiene abiertas las ventanas de su psiquis y puede interactuar con estas criaturas. Nuestro grado de ignorancia es tal que, en lugar de ayudar a estas personas, las encerramos en horrendos manicomios. Si alguno quisiera entrar y conocer el mundo elemental, bastaría con que tomara una bebida psicotrópica que abriera sus sentidos. Sin embargo, esta no sería una buena recomendación.

Existe todo tipo de elementales en la naturaleza que se ocultan a nuestros ojos. De todo hay en esa vasta gama, y van desde los muy buenos hasta los muy malos. Ellos tienen conciencia de nuestra existencia, pero por alguna sabia razón nosotros no tenemos conciencia alguna de ellos.

Estudiaremos a continuación los principios de los elementales; de este modo, podremos tener una buena idea de cómo funcionan estos mundos.

LOS CUATRO ELEMENTOS

Cuatro grandes fuerzas, principios o elementos conforman este mundo material:
- El fuego.
- El agua.

- La tierra.
- El aire.

En términos científicos, los conocemos como los estados de la materia: plasma, líquido, sólido y gaseoso, respectivamente.

Estos son los cuatro grandes reinos elementales y de ellos se deriva todo cuanto conocemos en la naturaleza. Cada uno de estos está gobernado, a su vez, por seres elementales.

Los mundos elementales se dividen en reinos y reinados. Existen reyes y príncipes dentro de sus esquemas. Poseen un modelo de existencia donde el sentido de obediencia y el respeto a su superior permite mantener el orden que gobierna toda la naturaleza.

El reino del fuego gobierna todo lo que arde. En esencia, su reinado se encuentra en el magma terrestre. Este es el reino que dio origen a todo lo que vemos, y de estos elementales está compuesto el Sol.

Las criaturas del reino del agua, al cual pertenecen todos los líquidos, controlan todo lo relacionado con este estado de la materia.

El reino del aire gobierna sobre todos los gases.

El reino más extenso es el del elemento tierra. Sus elementales rigen sobre los minerales, los cristales y todas las criaturas vivientes. De estos, los más complejos son los que animan plantas y animales, pues, como expresé anteriormente, poseen un cuerpo vital y un cuerpo astral.

Dirijamos nuestra atención momentáneamente a su formación dentro del planeta. En un principio solo existían los elementales del fuego. Luego, debido a la exhalación de este fuego, se formaron vapores incandescentes que más adelante conformarían el elemento agua; con ello surge la vida de sus elementales. Paralelo a esto se desarrollaron los elementales de la tierra y del aire. Ningún elemental hasta entonces tuvo una vida con forma física. Del mismo modo que en todo el universo, los elementales solo conocían su vida etérica.

Estas formas elementales piensan, razonan, y en sus reinados hay gran sabiduría. La multitud de criaturas que ha evolucionado a partir de los cuatro elementos es increíblemente inmensa, por no decir indescriptible.

Durante la evolución del planeta, y por causas que aún son desconocidas para mí, surge la célula, y con ella, la oportunidad para los elementales de tener una vida en la dimensión física.

La unión o agrupación elemental perfeccionó un producto que nosotros llamamos célula, a partir de cuatro principales componentes que hoy conocemos como CHON: carbono, hidrógeno, oxígeno y nitrógeno. Nótese que estos elementos químicos pertenecen a cada uno de los cuatro reinos.

La vida física en el planeta empezó con los seres unicelulares, que más tarde se desarrollaron en mecanismos más complejos, dando origen a los seres pluricelulares.

Parece ser que la vida se originó a través de la célula vegetal, que para entonces era todo un ente activo que emanaba un campo astral propio; vida manifestada en la dimensión material, y sus elementales poblaron el planeta en las más augustas variedades.

En los mares surgió la célula animal, una variedad un poco más compleja, producida en el reino de las aguas, que aventajó al reino vegetal por gozar de la libertad para desplazarse.

Si observamos con atención la cadena alimenticia de los animales herbívoros, podríamos decir que, de algún modo, inicialmente existió un convenio que permitió a la célula animal alimentarse de la célula vegetal, y a esta última, nutrirse de los desechos de la animal. Todo un mecanismo ordenado dentro de la magia del Creador.

Las plantas y las nuevas especies animales se desarrollan dentro del planeta como las especies más evolucionadas de ese mundo elemental.

Pareciera que en el plan del Creador las especies, en un principio, coexistían armónicamente, dentro de un perfecto equilibrio biótico. Se sostuvo el reino animal con la producción del vegetal y viceversa.

En algún momento este orden cambió. Surge la maldad entre las especies y aparece la depredación. Los elementales experimentan el temor por su existencia y cada especie desarrolla su propio instinto de conservación. Todo esto empezaría a cambiar la historia elemental del mundo.

Algunas especies animales se perfeccionan para la caza de otras y, hasta la fecha, entre ellas se sostiene una completa lucha por la supervivencia. Por lo general, casi todas las especies permanecen en un estado de zozobra por el temor a ser depredadas.

Esta maldad también se introdujo en el reino vegetal. Es claro que la naturaleza que hoy conocemos es muy diferente a la que existió en sus inicios. Basta con analizar que existen plantas depredadoras, plantas que agreden a otras plantas, ahogándolas o esterilizándolas. Algunos ejemplos los hallamos en la mala hierba, la cizaña y el matapalos, entre otras.

¿Qué pudo haber causado tal división en el mundo elemental? ¿Cuál fue el motivo que alteró el plan del Creador? ¿Pudo existir en ese momento la división en el reino divino, polarizándose entre el bien y el mal? ¡Difícil saberlo!

Lo que sí sabemos es que empieza una lucha avasalladora entre el más fuerte y el más débil, y las especies comienzan a devorarse unas a otras. Llamaríamos a esto *la guerra de los elementales por su existencia*.

Esta *guerra elemental* creó y perfeccionó criaturas monstruosas, algunas ya desaparecidas, en las que se forjaron armas devastadoras, como las garras, los colmillos, los cuernos y los fuertes picos. En otras especies se crearon mecanismos de defensa, como las conchas, los caparazones y los camuflajes silvestres.

Aquí surge algo que solo se conoce en este mundo de materia: nace el primer temor en la vida animal, el temor a ser devorado, el temor a la muerte. En ningún otro universo paralelo existe tal desconsuelo.

Pese a todo esto, el bien y su plan original se han preservado. Muchas especies continúan la ruta del plan perfecto. El reino vegetal proporciona oxígeno puro y frutos; los animales, a su vez, brindan gas carbónico y abono orgánico.

La naturaleza y sus procesos son demasiado extensos como para tratarlos en esta obra; basta con saber que nos encontramos en un mundo poblado de criaturas elementales, base y origen de toda vida física en el planeta Tierra.

Las plantas y los animales poseen un cuerpo astral y una vida elemental. Los antiguos hombres descubrieron los atributos especiales que poseen estos dos reinos y con ello desarrollaron sus técnicas medicinales y también sus conocimientos mágicos.

Es gracias a la botánica que la farmacología alcanza sus logros. Muchas de las sustancias químicas farmacéuticas tienen su origen en el extracto de alguna planta. Otras provienen de animales, como en el caso de la insulina, los sueros antiofídicos y más.

Entendamos algo en relación al uso de las plantas. Lo primero ya lo expresé, y es que la química botánica logra maravillas a partir de la forma material y grosera de estas, es decir, de su cuerpo físico. Los que se dedican a la medicina natural conocen los atributos de muchas especies vegetales a partir de su función elemental y química. Los curanderos, brujos, hechiceros, chamanes, herbolarios y magos utilizan la fuerza material, astral y elemental de este reino. Algunos lo hacen con y otros sin un conocimiento profundo del tema. Esto se debe a que muchos siguen recetarios ancestrales y son pocos los que estudian la materia a conciencia.

Resumiendo el tema, hemos visto ya que la naturaleza elemental está compuesta por cuatro fuerzas, y estas son:

- Un elemental que toma vida en la forma material.
- Su cuerpo físico.
- La energía que le da vida, el cuerpo vital.
- Un ente vibratorio y sutil, que es su cuerpo astral o bioelectromagnético.

A esto en ciencia hermética se lo conoce como el cuaternario inferior, y en general se encuentra representado simbólicamente por la figura de un cuadrado. Es por esto que el número icono de la naturaleza física es el cuatro.

Entendido esto, mi siguiente paso es explicar la conformación existente para el ser humano.

Aquello que nos hace diferentes

La ciencia estudia el momento en que el animal se convirtió en humano. En nuestro caso, cabe preguntarnos algunas cosas. ¿Por qué solamente evolucionó el mono y no otras especies? ¿De dónde surge esa conciencia especial que hace que el ser humano razone por encima de cualquier inteligencia animal? ¿Qué provoca que el ser humano tenga tal supremacía en el planeta?

Los científicos andan tras la pista que resuelva todos estos acertijos. Sin embargo, de alguna manera, la gran mayoría de las culturas religiosas y credos sostiene que algo superior mora dentro de nosotros. Hay una frase común que nos enseñaron desde pequeños, dentro de un esquema espiritual simple: "El espíritu de Dios que mora en nosotros".

¿Y en los animales y los vegetales no?

Trataré de poner claridad a este tema.

La ciencia ha descubierto que hubo un momento en que el mono evoluciona hasta convertirse en un homínido, una especie superior y más desarrollada que la raza de los primates. Con notables variaciones, el homínido ya camina erguido, realiza labores y, por otra parte, denota que presenta alguna ideología, ya que se han encontrado evidencias de la construcción de altares.

¿Qué fue aquello que le ocurrió a esta especie?

Recientes estudios científicos determinan que, al parecer, la caída de cuerpos provenientes del espacio, tales como meteoritos, puede producir cambios o mutaciones en la vida del planeta. Pero ¿por qué mutó solamente al mono? ¿Por qué no fue en general? ¿Y si hubiese mutado el elefante, tendríamos moco?

Si bien el hombre descubre mediante las edades geológicas la transformación del mono en hombre, nos queda preguntarnos: ¿por qué no mutaron todos? ¿Por qué aún existen primates?

Analicemos el comportamiento de los ya existentes. El mono, como todo animal, protege su territorio, se recoge en comunidad y vive en un grupo o clan social. Es notoria su necesidad de compañía, teme la desolación, cela sus hembras y vive para comer y procrear. La mayoría de las especies de primates presenta una conducta no depredadora, que más bien tiende a ser defensiva.

Hasta aquí no existe distancia con el comportamiento humano, salvo por nuestra naturaleza depredadora.

Amparémonos por un momento en aquello que la ciencia ha descubierto gracias a los hallazgos de fósiles y consideremos los siguientes conceptos.

Hasta la fecha en que escribo este libro, o sea, junio de 2011,[1] las teorías científicas expresan que la raza humana se desarrolló a partir de un tipo de primate conocido como australopitecos, un ejemplar que comenzó a andar erguido sobre la superficie terrestre.

De este se desprenden tres ramas de especies, que son el Homo floresiensis, el Homo robustus y el Homo habilis. De este último desciende el Homo ergaster, un prototipo más evolucionado. Del Homo ergaster surgen el Homo sapiens, el hombre de Neanderthal y el hombre de Cromagnon. Del Homo sapiens se desprende el Homo sapiens sapiens, que es lo más cercano al hombre actual.

---

1   Hago referencia a la fecha, dado que pueden surgir nuevas teorías posteriores al momento en que escribo este libro; todo depende de los nuevos hallazgos.

Recordemos que todos estos análisis son realizados a partir de los hallazgos arqueológicos. Aún cuando todavía falta mucho por descubrir, la ciencia en la actualidad nos entrega importantes noticias acerca del origen de nuestra especie.

Con el siguiente cuadro, trataré de dejar un poco más clara esta línea evolutiva.

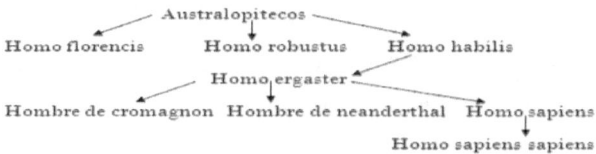

Nos resta pensar qué fue lo que cambió la vida del mono tal como lo conocemos y lo llevó por esta rama del desarrollo que termina en el hombre moderno.

¿Por qué razón evolucionó el mono y no el caballo, el tigre o el elefante, entre otros? Podríamos decir que fue una mutación desde un criterio científico. El resto de las especies también ha mutado y evolucionado. Sin embargo, no llegaron a desarrollar el pensamiento y la mente de una manera superior, como nuestra especie.

¿Qué ocurrió? ¿Qué hecho pudo registrarse en la historia para que el mono piense en erguirse y llegar hasta lo que es hoy el hombre?

Hasta este punto de la obra, he dado a comprender el desarrollo de la vida en el planeta.

Todo inicia en el mundo elemental; luego, esta criatura elemental toma vida en la dimensión física, tras el desarrollo de la célula vegetal y, posteriormente, la animal. Ahora, nos encontramos con el hombre.

Todas estas preguntas que nos hemos hecho nos pueden hacer razonar un poco. Debemos entender que es necesario buscar más y que la respuesta no está en la ciencia, ya que no existen fósiles o evidencia de la energía o inteligencia superior que provocó todo este desarrollo. Solamente podemos maravillarnos ante sus adelantos.

Para poder brindar una idea —como las muchas existentes—, trataré un tema conocido entre las sociedades secretas como *el descendimiento de la mónada*. Si bien es una teoría, complace plenamente el conocimiento acerca de nosotros mismos. Por otra parte, no existe un ser físico que nos cuente la verdad de lo sucedido, puesto que nadie ha sobrevivido durante todo ese tiempo.

A pesar de esto, todavía es posible revisar la historia del mundo, ya que se encuentra registrada, gracias a la huella que las vibraciones astrales dejan en el éter universal.

El descendimiento de la mónada

La palabra mónada proviene del latín *monos*, que significa unidad. Podemos interpretar esta expresión como el descenso de la *Unidad Divina*.

Tendré que ampararme en los conocimientos filosóficos para describir la manifestación de la *tríada divina*, ya que bajo el análisis científico se me objetará que no existe. El ser humano vive en un continuo acto de negación. Sin embargo, el hombre consciente sabe y presiente que hay algo más.

La vida elemental no es la única existente en el mundo etérico; esta es solo una de las tantas formas que habitan en ese plano. En los reinos sutiles, *la casa de Dios*, las entidades se rigen por un sistema de jerarquías. Allí, cada una de ellas se respeta dentro del más estricto orden.

La máxima jerarquía de nuestro sistema radica en el Sol, que nos ilumina día a día. Todas las energías conscientes o inconscientes dentro de nuestro Sistema Solar deben obediencia a esa estrella. Los indígenas, los egipcios y otras culturas rindieron conscientemente culto al astro rey.

Cada estrella del universo es una luz que ilumina en todos los estados vibratorios. Los soles no son solamente llameantes esferas, son mucho más que eso: son la luz del Creador iluminando el espacio.

La luz o energía divina del Creador no es únicamente de tipo solar, lumínica o física; también existen otras manifestaciones que no podemos ver, tales como la conciencia del universo.

A estas presencias que manan de la luz divina las llamamos comúnmente ángeles.

Existen jerarquías angélicas; es decir, ángeles dedicados a laborar eternamente en el Reino de Dios.

> En el principio era el verbo, y el verbo era Dios, y el verbo era con Dios. Todas las cosas fueron hechas por Él y nada de lo que fue hecho se hizo sin Él. En Él está la vida y la vida es la luz de los hombres.
>
> *(San Juan, 1:1-4)*

En el universo, toda esa energía radiante que vaga por el espacio se encuentra gobernada por esas entidades conscientes llamadas ángeles y que coexisten armónicamente en el plan del Creador.

Nosotros somos luz de las estrellas, ángeles encarnados por alguna razón que desconozco, pero aquí estamos, y ese es el motivo que nos hace superiores a las demás especies, al reino animal, vegetal y elemental del planeta.

Ese es el hombre: la luz de Dios que con el paso del tiempo mutó a la criatura animal, la evolucionó y la embelleció. Sin embargo, el animal esclavizó la luz divina de los cielos, la encegueció y la ató a la vida del planeta, retirándole poco a poco su virtud divina.

¿Qué pudo haber sucedido para que los seres angélicos quedaran atados y esclavizados a la evolución del planeta Tierra? ¿Qué les hizo perder la libertad de la que gozan las demás entidades superiores del universo? Podría responder con mil teorías, y aún cuando lograra dar una explicación satisfactoria sería nada más que otra teoría. Pero es posible entrever la respuesta al analizar el camino que debe tomar el iniciado y las pruebas a superar. Un iniciado es aquel que alcanza la sabiduría que lo desliga de su condición humana;

en otras palabras, es aquel que logra desencadenarse de la vida terrenal.

La iniciación no señala el momento en que empecé a interesarme en Dios; se refiere al paso consciente de este mundo a los planos de la luz, es decir, al conocimiento y la aplicación de los misterios que retornan al hombre a la morada divina.

Para alcanzar la iniciación, el discípulo pasa por contundentes pruebas. Se las conoce como pruebas de la naturaleza o de los cuatro elementos. Es como una energía empeñada en desanimarlo y hacerlo desistir de su propósito divino, que, a la vez, es su derecho.

Estas pruebas son como un tributo, un pago que se hace a la energía de la Tierra y sus cuatro elementos. Describiré cada elemento y sus pruebas:

- Fuego: los problemas, los pleitos, las persecuciones, las pasiones y todas las aberraciones del instinto animal.
- Agua: las emociones y los sentimientos; es ver y sentir cómo el mundo en el cual crees te falla.
- Aire: difamaciones, enredos, chismes; en algunos casos, las persecuciones y la pérdida de la libertad.
- Tierra: grandes limitaciones que que parecieran conducir a la escasez, aunque, mágicamente, al aspirante a su iniciación no le ha de faltar nada para sobrevivir. Es como el proceso de decir adiós a los lazos elementales del planeta.

Al entrever esto se puede entender que es necesario superar todo vicio elemental para alcanzar la gloria del cielo, y esto lo corrobora la vida de Jesús. Cuando esto ocurre, cobra sentido la frase del evangelio: *"Buscad primeramente el Reino de Dios; todo lo demás llegará por añadidura"*.

Pero ¿por qué probar al aspirante? Esta pregunta me lleva a comprender que la perfección es parte integral en *la casa de Dios*. *"Nicodemo, debes nacer de nuevo para aspirar al Reino de los Cielos".*

La liberación de este mundo material se alcanza cuando se ha cancelado el valor que tiene este cuerpo en el cual residimos. Ese es el tributo que debe darse al reino elemental. Este es el paso obligado de todo aquel que busca la iniciación.

En el Reino de los Cielos todo es perfección y es la energía del amor aquello que logra la armonía entre todas sus entidades. Allí no existe la esclavitud.

Ahora, expondré lo que conozco del sendero:

- 1. Dado que los cuatro reinos de la naturaleza sacuden al aspirante en su propósito de liberarse de la evolución terrestre, entonces debió haber existido en el pasado algún pacto que les permitiera a esos cuatro reinos gobernar sobre los ángeles encarnados.
- 2. Nuestro elemental, que es la mente, sabotea continuamente el deseo del espíritu por alcanzar su libertad. Este es el motivo por el cual se dificulta el proceso de interiorización, meditación, concentración y control de nuestro ser. Este elemental o razón mental es nuestro carcelero.
  - a. Cuando alguno busca su realización, encuentra que sus propios compañeros aprisionados conspiran inconscientemente contra él como si se tratara de un desertor. Aquellos que se hallan en mayor grado gobernados por su elemental, sus filosofías, credos y creencias, producto de la mente humana, no logran comprender el proceso de este individuo, al cual persiguen y atacan. *"Padre, perdónalos, porque no saben lo que hacen".*

- 3. Quien busca la libertad conoce el dolor, pero, una vez que la alcanza, no retorna, salvo a cumplir misiones en pro de ayudar a quienes aquí nos encontramos. En muchos casos, durante esas misiones, es convertido en mártir.
- 4. El proceso de liberación es oculto, escondido; todos aquellos que lo conocen lo guardan sigilosamente. Jesús es el mayor ejemplo cuando, al hablar, tuvo que utilizar las parábolas para que así solamente *aquel que tuviera oídos pudiera oír.*
- 5. Este proceso, en su fase inicial, es teórico; luego se convierte en práctico, puesto que nada se logra si no se trabaja en este laboratorio, que es el cuerpo físico.
- 6. ¿Por qué no es libre el camino? Siendo así, todos hubiésemos retornado al Reino de nuestro Padre, pero hay algo que nos impide hacerlo. Cuando perdemos una vida se borra la historia de esta y pasamos a una nueva encarnación, con una mente nueva, sin saber quiénes somos, de dónde venimos ni para dónde vamos. Es posible que en alguna vida hayamos comprendido el proceso, pero allí se quedó, en un cerebro desintegrado por la naturaleza.
- 7. Estamos sujetos a las leyes kármicas. Constantemente existen situaciones que tientan al débil y lo llevan a proceder mal. Por causa de estas deudas con el universo, el discípulo debe retornar, aún cuando haya logrado su realización. Aquí cobran sentido las expresiones: *"Si vienen por tu túnica, dales también tus sandalias"* y *"pon la otra mejilla".*
- 8. El mundo cobija a los bandidos. Cuando se incurre en una mala obra aparecen los cómplices por doquier, mas en las buenas obras el hombre se acompaña de pocos. Todo el tiempo, el ser humano es invitado al error, con lo que se ata más y más. *"Si mi Reino fuese de este mundo, tendría un ejército a mi servicio".*

- 9. El ser humano, luego de ser esclavo de su cuerpo, lo es del sistema. Estamos sometidos al esfuerzo diario para conquistar pan, vestido, techo y roce social. De otro modo, no es aceptable convivir en sociedad.

Retornemos a aquello que convirtió al animal en hombre.

¿Por qué querría el ser divino hacerse esclavo de un reino tan competitivo, en donde debe depender del alimento?

Algunas teorías sostienen que una legión angélica deseó tener su propio orden, algo así como su gobierno exclusivo, lejos de la organización jerárquica universal. Tiene sentido comprender que sea cierto y analizar que quizás ello los llevó a que se involucraran con la evolución elemental de nuestro planeta. De otro modo no es comprensible tal esclavitud y tanta prisa por enceguecer la naturaleza del espíritu divino que mora dentro de los seres humanos.

También existen variadas teorías al respecto, que van desde las más fantásticas hasta las más fanáticas. Para el caso, no hay un humano que tenga la respuesta correcta. Hay quienes defienden haber sido creados por extraterrestres; afirman que somos un laboratorio de seres que habitan otro Sistema Solar. El dogma cristiano nos invita a la creencia de que tuvimos una madre común, amparada en el relato mitológico de Adán y Eva. Los científicos sostienen que todo es producto de la evolución. Hay todavía mucho más si buceamos en el tema de nuestro origen, pero como quiera que sea o haya sido, aquí estamos. Lo interesante surge cuando vemos que los profetas de todos los tiempos nos anuncian que hay un reino mejor.

Por alguna causa, la luz de Dios experimentó la vida en el planeta. Tendremos que comprender que las criaturas elementales toman un cuerpo en este mundo de materia, gracias a sus sistemas de reproducción sexual o asexual.

Si nos cobijamos bajo la teoría del *descendimiento de la mónada*, será necesario ubicarnos en esa primera eyaculación que experimentó ese ángel dentro de la estructura corporal de una vida elemental. Las hormonas del animal se mezclaron con la luz angélica y de esa emanación —animal y divina— surgió la primera criatura humana, mezcla de conciencia divina y vida celular. Debió alterarse con esto un orden jerárquico. Desde entonces, la luz de Dios habita en el mundo físico, conformando, de este modo, la humanidad.

Sin embargo, parece ser que esta experimentación con el mundo elemental ya se había dado antes, de otra forma y con los elementales del extinto planeta Maldek, hoy convertido en una franja de asteroides entre Marte y Júpiter. La cultura maya, de algún modo logró saber acerca de ello. Aunque la ciencia muy pronto especulará con respecto a la existencia de vida en Marte, se sorprenderá al encontrar *rarezas* cuando estudie en el futuro dichos asteroides; todo esto a causa de una antigua alianza entre ángeles y elementales.

Esa mezcla entre un animal y un ser divino fue simbolizada dentro de la cultura griega por medio de un centauro, al que llamaron Chiron: un ser mitad caballo y mitad humano.

Para continuar con el septenario es necesario explicar cómo está conformada esta luz espiritual.

Trataré, a continuación, lo concerniente al Ser Superior.[2]

---

[2] En otra de mis obras, *Los tres soles y la sabiduría fiel*, explico con mayor claridad esto, además de develar grandes cosas; por tanto, no entraré en un detalle minucioso sobre lo mismo y me limitaré a dar una concepción concisa acerca de la tríada superior en nosotros.

La tríada divina

La luz espiritual que se encuentra en cada ser humano y que es esencia pura de Dios en nosotros, Dios en nuestro corazón, se conforma de tres principios esenciales. Estos, de algún modo, se encuentran polarizados bajo un aspecto masculino, femenino y neutro. A continuación, nombramos cada uno de ellos, en su orden:

- Espíritu.
- Alma.
- Mente superior o cuerpo del alma espiritual.

Esta tríada superior o energía angélica es la que encarna en el animal y conforma la criatura humana.

La imagen y semejanza con Dios no corresponde a la criatura física, sino a la conciencia de Dios en nosotros.

El espíritu es esa chispa divina de la cual fue creado el universo; es la esencia que recorre la eternidad, para la cual no existe tiempo ni espacio. Los ángeles tienen un espíritu libre; el nuestro se encuentra aprisionado.

El alma es la entidad sensitiva del espíritu, es su lado femenino; representa nuestro estado emocional.

La mente superior es la energía neutra entre el espíritu y el alma; es aquello que nos hace pensar como seres celestiales. Posee la sabiduría universal; todo cuanto ocurre en el universo lo conoce nuestra mente superior. Esta no requiere del proceso normal de aprendizaje, memorizar o entender, porque todo lo sabe. Cuando una persona es sometida a una hipnosis, puede llegar a expresarse fluidamente, utilizando lenguajes que le son desconocidos, e incluso entender cosas o situaciones nunca antes aprendidas. Esto se debe a que la hipnosis tiene la propiedad de cerrar el mental inferior o nuestra mente racional, y abrir una vía a la conciencia divina, donde actúa la mente superior.

Resumiendo, esta tríada suprema se muestra así: la esencia activa de Dios es la sustancia espiritual o espíritu; la acción pasiva y emotiva de Dios es el alma; el punto medio y neutro de ambos es el cuerpo del alma espiritual o mental superior. Esta tríada divina *es Dios en nosotros*. La representamos mediante un triángulo:

Este ternario es conocido en los estudios esotéricos por sus nombres en hindú. Los detallamos a continuación de manera comparativa:

Espíritu	Atma
Alma	Buddi
Mental superior	Manas

Entendemos, entonces, que estamos formados por un septenario: la tríada inferior, la tríada superior y nuestra mente.

Vemos ahora más claramente la presencia de dos *yo* en nosotros: uno animal elemental, que es la mente racional, y otro de índole superior y espiritual, que es el que continuamente se ignora. El *yo* externo y el *yo* interno; el *yo* elemental y el *yo* superior.

Ahora es comprensible la interacción que posee nuestra condición humana con el siete. Este número nos muestra como la presencia sutil e inmanente de Dios en el plano material; por todo esto es sagrado en el mundo de la forma. Sin embargo, es el número nueve el que nos representa en los planos superiores.[3]

A continuación, describiré el septenario que conforma al hombre. También es posible encontrar una descripción detallada en el libro *Conferencias esotéricas*, del doctor Krumm Heller o Maestro Huiracocha.

- 1. Un *cuerpo físico* hecho de tejido celular.
- 2. Un *cuerpo astral* conformado por la vibración bioplasmática del cuerpo físico.
- 3. Un *cuerpo vital*, neutro entre los dos anteriores, que nutre a ambos mediante la respiración.
- 4. Un *cuerpo mental inferior* o ánima elemental, habitante del ternario inferior.
- 5. Un *cuerpo mental superior*, sabiduría pensante de la luz de Dios en nosotros.
- 6. Un *alma*, esencia femenina de Dios en nosotros, plena de sensibilidad.
- 7. Un *espíritu*, esencia masculina de Dios en nosotros, plena de divinidad.

---

3 Sobre los números y su oculto significado he escrito otra obra llamada *Dios y la verdad escrita en números*.

Tal es nuestra naturaleza septenaria dentro de la experiencia terrenal. Una vez que la muerte nos lleva a abandonar la materia física, retornamos a nuestra real conformación ternaria. Esta tríada divina debe encarnar de nuevo si no ha logrado alcanzar su libertad.

Hasta aquí, he dado a conocer la base de nuestro estudio: la doble conformación del *yo* —elemental y divino—. Seguidamente, me dedicaré a descifrar las naturalezas de esos dos *yo* que moran dentro de cada uno de nosotros.

EL YO ELEMENTAL

El *yo* externo o mente racional proviene de la condición elemental del animal. Para entender las herencias de su conducta es necesario retornar al origen. La base de ello radica en las cuatro fuertes raíces elementales, las mismas que dieron origen a toda vida sobre el planeta. Quizás alguno en su dogma exprese que la vida la brinda Dios; entonces debo exponer que Dios es todo cuanto existe y las criaturas elementales no escapan de ser también parte de la creación.

Todo comenzó por el fuego, el primer reino elemental existente en nuestro planeta. El fuego es, en su origen, energía solar; de estos elementales originales se encuentran compuestos el núcleo y el magma terrestre.

La condensación de fuego ardiente y las erupciones volcánicas produjeron emanaciones de vapor de agua. A lo largo de millones de años, la Tierra se fue enfriando, a causa de las bajas temperaturas polares. Esto provocó la condensación del vapor caliente que envolvía el planeta y su precipitación en forma de lluvia. Así nacieron los océanos y el elemento agua. Las lluvias enfriaron el magma, que, al solidificarse, formó una capa o costra sobre la superficie terrestre, dando origen al elemento tierra. Los gases del magma y el vapor de agua conformaron la atmósfera terrestre o elemento aire. Así nacen los cuatro grandes reinos elementales de nuestro planeta.

Las criaturas de cada uno de estos cuatro reinos elementales tienen modos de ser particulares, acordes con su naturaleza.

De allí provienen muchas características de nuestro comportamiento. De todos ellos, heredamos actitudes que continuamente expresamos en nuestra conducta.

La herencia del elemento fuego es la que nos proporciona la energía y el coraje necesarios para enfrentar la vida. También nos aporta el ánimo, el entusiasmo para alcanzar las metas propuestas, la vitalidad, el valor, la iniciativa, la necesidad de aventura, el calor pasional, el fuego ardiente del deseo, el contacto erótico, la motivación, el cortejo, la entereza, la ayuda, la independencia y la inmediatez. En síntesis, todo aquello que representa agilidad y motivación está gobernado por la presencia de esta energía elemental en nuestro organismo. El fuego es el impulso vital que anima la sangre.

En su faceta negativa, heredamos sentimientos como la ira, la cólera, el enfado, la competencia, la violencia y la depredación.

La presencia del elemento agua en nosotros aporta a nuestro comportamiento emociones tales como la necesidad de afecto, la protección, el abrigo, el cariño, la ternura, el cobijo, la sensibilidad, la confianza, el apego, el sentimentalismo y la armonía.

Las facetas negativas de esta energía elemental son la susceptibilidad, el celo, el resentimiento, la fragilidad, el dolor, la vulnerabilidad, la ingenuidad, el apego y la dependencia.

Del reino elemental del aire, heredamos la necesidad de comunicación, el deseo de compartir, de relacionarnos, de estar enterados de todo y de todos, de ser libres, de viajar, de recorrer distancias y de acompañarnos.

El aspecto negativo de este elemento genera el chisme, la intriga, la maledicencia, las mentiras, el enredo, el engaño y la imprudencia.

De la herencia del elemento tierra en nosotros surgen virtudes como la responsabilidad, el empeño en trabajar, el ánimo de guardar, el encierro, el cumplimiento, la dedicación, la laboriosidad, la firmeza y la seguridad. En su faceta negativa, nos trae el egoísmo, el atesoramiento, el acaparamiento y la ambición.

Todas estas características son heredadas de los elementos originales que nos formaron; están implícitas en nuestro ser racional, en el ánima elemental de nuestra condición física, que es nuestro plano mental.

Los cuatro reinos se turnan por el gobierno elemental del planeta en cortos períodos de un mes. Estos espacios temporales son coordinados por las emanaciones de las energías cósmicas. Esto se debe a que la Tierra en su recorrido y cada mes ingresa dentro de una influencia zodiacal distinta.

Muchas de las características antes mencionadas se presentan, en mayor o menor grado, en cada individuo de manera diferente. Al momento del nacimiento, la naturaleza elemental del planeta se encuentra gobernada por alguno de estos reinos y ello se imprime en nuestro particular modo de ser. Eso puede averiguarse en la relación astrológica signo solar-elemento.

El siguiente cuadro resume la concordancia entre el signo solar y el elemento.

Signo solar	Elemento	Período
Aries	Fuego	21 marzo-21 abril
Tauro	Tierra	21 abril-21 mayo
Géminis	Aire	21 mayo-21 junio
Cáncer	Agua	21 junio-21 julio
Leo	Fuego	22 julio-23 agosto
Virgo	Tierra	23 agosto-23 septiembre
Libra	Aire	23 septiembre-23 octubre
Escorpio	Agua	23 octubre-23 noviembre
Sagitario	Fuego	23 noviembre-23 diciembre
Capricornio	Tierra	23 diciembre-20 enero
Acuario	Aire	21 enero-21 febrero
Piscis	Agua	21 febrero-21 marzo

Nuestro comportamiento más básico y esencial está moderado por esta energía elemental. Sin embargo, nos faltan argumentos para describir nuestra personalidad completa. Las fechas asignadas corresponden únicamente a los períodos en que nuestro planeta ingresa en la proyección que hace el Sol de la energía de tales constelaciones. Más adelante, veremos que existen más energías gobernantes en nuestro ser.

Entrando de nuevo en el tema del *yo*, debemos entender que la esencia misma de nuestro comportamiento elemental radica en esas facetas, tanto positivas como negativas; que de allí parte todo lo que nos invita a valorar los estados primarios de la conducta del ser y su relación con los demás. De estas condiciones surgen nuestros buenos y malos actos.

El *yo* elemental se expresa y actúa constantemente en coherencia con la energía gobernante el día de nuestro nacimiento. De allí que algunos sean de uno u otro modo, y que los astrólogos podamos describir con lujo de detalles las conductas más particulares de cada ser humano.

El poco conocimiento acerca de las leyes que gobiernan nuestro sistema es el causante de muchas desdichas. Al tener las primeras ráfagas de lucidez en la infancia, se nos debería explicar en qué consiste estar en paz y equilibrio con nuestro universo cercano.

Existen tres leyes básicas y divinas en nuestro sistema:
- 1. Respetar el libre albedrío.
- 2. Todo acto tiene su recompensa —karma—.
- 3. Todo debe permanecer en movimiento.

Conocer esto en profundidad es el primer paso para estar en orden con la energía planetaria, que es ese sistema contable que nos evalúa a cada momento.

Haré un breve comentario de estas tres leyes, de modo que nos sirva para comprender dónde está fallando nuestro *yo* elemental.

Comencemos por el libre albedrío. Cada ángel en el universo es libre de hacer su propia voluntad. Esta libertad es el gran regalo del Creador y es respetada por Él mismo.

El justo equilibrio es la segunda. Esta regula a la primera. Todo lo que es tu voluntad es medido y pesado en el universo. Todo acto desencadena una respuesta; toda acción, una reacción. *"Con la vara que mides serás medido"*, *"No hagas a otros lo que no quieres que te hagan a ti"*, *"Ojo por ojo, diente por diente"*, estos son los principios de una ley inefable. Para escapar a ella es necesario salir del Sistema Solar.

Es por esta segunda ley que en ese sistema contable existe para cada alma un debe y un haber. Al nacer, nos entregan al mundo con un balance general de lo que hemos hecho dentro de la existencia terrenal hasta ese momento. Ese balance general lo conocemos en astrología como carta natal.

De allí provienen nuestros merecimientos, ya sean de dolor o gozo, la ley inexorable que devuelve lo que ya diste.

La tercera ley expresa que todo debe estar en continuo movimiento.

"Quod no agit, non existit" es una frase que extraigo del libro *El tatwámetro*, de mi maestro Huiracocha. Ella revela que nada existe si no vibra. Desde las partículas más diminutas del átomo hasta la galaxia más enorme, todo está en movimiento, nada se detiene. Así, nuestra naturaleza elemental se encuentra sujeta al proceso del tiempo.

Pero me interesa prestar atención a la segunda ley.

Algunas de esas facetas elementales heredadas en nuestra naturaleza animal nos comprometen ante la energía universal.

Dado que nos desenvolvemos dentro de un mundo colmado de competencia por comida, abrigo y compañía, es fácil, dentro de la condición humana, incurrir en algunas faltas.

Cuando se cometen estos atropellos, desencadenamos una emanación energética que con el tiempo regresará, al mejor estilo de un búmeran, ya sea para la presente o la siguiente encarnación. También lo bueno que hacemos para con los demás retornará como algo positivo para nosotros. Esto justifica la frase de Jesús: *"Ama al prójimo como a ti mismo"*. Cuando se ama, no se hace daño; se hace el bien y este regresa como bendiciones.

En el universo no visible existen multitud de criaturas obedientes a los procesos de la segunda ley cósmica. Para hacer comprensible el tema, etiquetemos a unos como ángeles y a otros como demonios. Los primeros se encargan de otorgar lo bueno, y los segundos, de ejecutar lo malo. Si continúo interpretando a Jesús, entenderemos por qué cerraba sus milagros con la expresión: *"no peques más"*.

Cada criatura en esos universos paralelos obedece a patrones jerárquicos y existen energías que se encargan de ejecutar las sentencias emanadas de esta segunda ley. Así, cada quien cosecha lo que siembra, todo en perfecta concordancia con lo que le corresponde vivir, porque así se le ha hecho vivir a otro. Es el efecto, la justa correspondencia con una causa, donde cada ser humano es el único responsable de su dicha o desdicha. Hoy cosechamos lo que hicimos ayer; mañana obtendremos los resultados de lo que sembramos hoy.

En el momento en que *el ser elemental* incurre en alguna falta contra su prójimo, genera compromisos con la energía del justo equilibrio. Las facturas que ello produce traen consigo unos cobradores muy particulares, que no son exactamente ángeles. De esto surge la familiarización con entes o demonios que acosan al *yo*. Dichas energías terminan convirtiéndolo en un ente traumado, frustrado, pleno de incertidumbres, dudas y sufrimientos. Todos estos factores representarán los demonios del *yo*, aquellos que luego de somatizar en algún receptáculo del microcosmos causan la degeneración energética de algún tejido, generando lo que llamamos comúnmente enfermedades.

Pero dentro de la sociedad es sutilmente fácil equivocarse.

La humanidad tiene la facultad de cobijar mentiras y darles valor de un modo muy real y convincente. La sociedad está llena de engaños y farsas.

La mente de cada individuo sostiene conceptos, credos, ideologías y conductas muy propias de la región donde vive o se ha criado. De allí surgen honores creados por la patria, la libertad, la justicia y más. Un soldado a quien le fue insertada la idea de que debe defender la nación —la misma que dentro de doscientos años estará negociando políticamente con su actual enemigo— está convencido de que debe ir a matar a quienes no piensan igual que sus reyes o gobernantes, y actúa en defensa de ese desacuerdo. Un trabajador que defiende su empresa para colocarla en el primer lugar de las listas populares se convierte en el empleado estrella cuando elimina la competencia, dejando sin empleo a muchas personas y trayendo con esto hambre y necesidades a otros asalariados como él. Así, contadores, abogados, jueces, fiscales, empresarios, políticos, religiosos, cada quien dentro de su profesión, debería estar revisando siempre que hace lo correcto, no para el jefe ni para la empresa o razón social para la que labora, sino para su propio ser interno.

En muchas ocasiones, los grandes atropellos se han justificado ridículamente tras el amparo de un dios o alguna deidad.

Los ejemplos abundan: las muertes en el Medio Oriente en nombre de Alá, las luchas de los israelitas en tiempos antiguos, las conquistas romanas en honor a sus dioses, las guerras santas, las invasiones europeas en América y la implantación de un imperio religioso, la creencia en una raza superior que enloqueció a los alemanes, las cruzadas, la Inquisición, las invasiones al Reino Unido por anular la competencia al cristianismo. La historia está llena de atrocidades y muertes masivas e individuales. Esto ha ocurrido en medio de otras tantas fantásticas estupideces que se gestan en el desenvolvimiento mental del humano. Ningún dios necesita que los hombres entren en guerra, pero resulta más fácil decir que Dios fue quien lo dijo para ocultar, de esta forma, la mezquindad de los ambiciosos. Todo esto acarrea más muerte, debido al efecto de la segunda ley: *"quien a hierro mata, a hierro muere"*. Tanto los asesinatos como los accidentes siempre son el ajuste de alguna muerte producida a otro con anterioridad.

El hombre, pese a ser un ente superior en la naturaleza terrestre, aún se encuentra adormecido dentro de la mente racional o elemental del animal. A tanto letargo, cobra sentido expresar: *"Deja que los muertos entierren a sus muertos"*.

La competencia por subsistir conduce a muchos individuos a la desconexión con su conciencia superior, aquella que habita dentro de cada quien.

El ser humano, debido a su afán por alcanzar logros materiales, su temor a la ausencia de posesión y su ansia de poder, emprende un camino por senderos que conllevan una cacería de víctimas para cumplir sus objetivos. Avasalla los reinos vegetal, mineral y animal, y llega hasta la esclavización del hombre mismo, a través de un viejo esquema llamado civilización, el cual no es más que un *sistema social* del cual dependemos todos.

Dentro de la sociedad, la competencia es ruda, lo suficiente para entretener la vida elemental de cualquier individuo. En este proceso, el ser humano es presa de los instintos elementales, los que acosan por supervivencia a cada uno de sus esclavos. Muchos en este transitar se comprometen con las leyes kármicas de tal modo que la condena se hace cada vez más perpetua. En algunos credos, a esto se le llama *la continua tentación del mal*. *"El camino al infierno es ancho; el camino al Cielo es estrecho y pedregoso"*.

Destruir al otro a su paso, eliminar la competencia, mentir para alcanzar el éxito, invadir para afianzar riquezas, matar para hacer valer ideas y criterios, todos estos son ejemplos del cobijo de la maldad. Esta lleva a *la felicidad* a aquellos que estúpidamente se sienten triunfadores mediante tretas y sucias artimañas, ignorando la infalible segunda ley.

Al final, muchos de los hombres con espíritu destructivo terminan con grandes deudas ante el universo. Serán los arcontes del destino quienes señalarán sus pasos en un mañana.

Recordemos que hay dos tipos de destino:

- 1. El inmodificable, que ya se escribió y que hace a cada quien merecedor de lo que hoy es.
- 2. El modificable, que se escribe hoy, gracias a la virtud que tenemos del libre albedrío, y que escribe lo que vendrá en un futuro.

El dolor, la pena y la enfermedad no son más que manifestaciones y somatizaciones energéticas de ese comportamiento externo que hemos tenido hacia nuestros congéneres. Por allí se encuentra la causa que arrastra a muchos a la postración o a penosas enfermedades; a veces, a la deformación desde la infancia. En el caso de deformaciones tempranas, pensaríamos: ¿qué castigo podría estar pagando esa pobre alma inocente? ¿Qué hecho la llevó a merecer tan crueles condiciones de vida? La respuesta está en su pasado.

La sabiduría de Dios es un equilibrio constante; la ley es para todos y las causas radican en el *libre albedrío*. ¿Quieres bendición y prosperidad en tu existencia? Haz el bien en todos tus actos, y bien recibirás.

El *yo* elemental de continuo está tentado al error, y este lo conduce al dolor. ¡Cuántas guerras cifradas en la historia! ¡Cuántas almas erradas por conceptos filosóficos o políticos!

Por ello es muy interesante comprender al Mesías bajo la doctrina de: *"Si te pegan en una mejilla, coloca la otra"*; *"Si vienen por tu túnica, entrega también las sandalias"*. De este modo, nos hace comprender que no tiene sentido oponer resistencia a la ley de causa y efecto.

Es natural que para nosotros resulte ridículo poner la otra mejilla cuando en nuestra intención está reaccionar y descargar el puño. Para alcanzar la *Gloria de los Cielos* es menester que las almas se encuentren libres de cargos. La ley kármica no permite a las almas alcanzar la meta si aún existen pendientes.

Esto de colocar la otra mejilla, dar también las sandalias si te quitan la túnica y otras expresiones del Santo Varón son referencias claras a que si te ocurre algo es porque lo debes; la sabiduría consiste en no contestar de igual modo para permitir que se salden las deudas.

Para reencaminar nuestro tema, que es el *yo*, debo expresar que es necesario estar atentos a todas las situaciones que se presentan a diario, procurando hacer las cosas correctamente, hacer el bien en todo momento. Esto, que a simple vista parece fácil, es el mejor remedio para merecer una vida completamente llena de oportunidades y fortuna; es la mejor vía a la felicidad. Hacer el bien es la mayor fortuna.

Existe una notable diferencia en cuanto a factores de inteligencia entre los animales domésticos y los animales silvestres.

Los animales silvestres desarrollan una gran capacidad estratégica, ya sea para favorecer su instinto de depredación o su instinto de conservación.

Los animales domésticos sorprenden por su capacidad de adaptación y su comprensión e integración con los seres humanos que los reconocen como mascotas.

Esta diferencia surge del contacto con la energía mental humana. Los animales domésticos se tornan más inteligentes que los animales silvestres. Esto se debe a que se encuentran inmersos en un ambiente mental consciente, donde capturan estas emanaciones. Estos elementales se contagian de la mente humana.

Basándonos en este razonamiento, podremos comprender que nuestro elemental personal, que es el *yo* elemental, nuestra mente, se alimenta energéticamente de las potencialidades especiales que presenta nuestro *yo* superior o nuestra mente superior. Esta es la razón por la que nuestro desempeño dentro del planeta es más inteligente que el de las demás especies.

Una vez que desencarnamos, el elemental o la mente continúa realizando las tareas elementales que lo motivaron en su diario vivir. En algunas ocasiones, el elemental realmente no es consciente del abandono de la carne. En este caso ocurre algo muy particular. Este ser de nuestra mente ampara todos sus procesos en el cerebro. Una vez que deja de funcionar la actividad neuronal, inicia una desconexión con las experiencias vividas, por lo que, poco a poco, su acción en el mundo se va deteriorando. El maestro Papus llama *elementarios* a estos elementales, seres que ya no logran conectarse con la realidad de este plano y deambulan hasta desintegrarse energéticamente.

Toda la información de lo que hemos hecho en la vida material muere al perecer el cerebro. Este es el momento en que nuestro *yo* elemental deja de ser. Todo aquello que hicimos en la vida pasada, todo pereció con ese enjambre de neuronas.

Algunos elementarios se rehúsan a la desaparición; de algún modo, toman conciencia de la inexistencia en este mundo y es de tal manera que terminan convirtiéndose en fantasmas. Estos son entes deambulantes, que para evitar su desintegración energética se alimentan de la energía nerviosa de los seres vivos. Para lograrlo, tienen que asustarlos. En un momento de pánico o temor extremo, liberamos gran cantidad de energía nerviosa.

La mente inconsciente

Para muchos es común que el propósito de la vida se convierta en *tener riquezas y amores*. Estos son los sueños que normalmente acosan la mente de cada ser humano en su encarnación. Esta es una realidad a la que nos empuja el vivir en sociedad. Tras la búsqueda de este objetivo, la mente del hombre se esclaviza a sistemas y esfuerzos, donde el entretenimiento es tan intenso que olvida que dentro de sí se ocultan sus grandes riquezas. Lo triste del caso es que este es un hecho mecánico de cada vida en un ciclo que pareciera interminable.

Nuestras necesidades de techo y alimento han quedado atrás. La sociedad actual exige una serie de elementos sin los cuales se hace un tanto difícil desarrollar la vida moderna. Estamos programados para el consumismo. Esto requiere una fuerte dosis de trabajo y esfuerzo, puesto que cada día surgen más y más necesidades. Esto funge como un gran y abrumador colapso a cualquier intención por cambiar hacia los propósitos espirituales. De un modo muy particular, el espíritu que vive dentro del hombre se ha adaptado a su realidad actual y ha dejado de aspirar a los olvidados recuerdos de aquella vida angelical que antes tuvo.

Esto, que a simple vista es *normal*, en la ciencia oculta lo llamamos *inconsciente*.

No todos los seres humanos son conscientes de que existe una realidad mayor que aquella que experimentan. Normalmente, casi toda la masa humana vive sin reconocer su origen, la conciencia de su pasada existencia angélica, y es presa de esa desconexión con su esencia y virtud divina. A esto lo llamamos *inconsciente colectivo*.

Todo aquello que hoy conocemos dentro de nuestra sociedad y hasta donde ha llegado se debe al profundo empeño que colocamos por hacer de este mundo un paraíso. Sin embargo, la competencia por alcanzar los ideales propuestos vida tras vida conduce a muchos al error. Es normal para la mente humana dañar, herir, sabotear, descalificar, destruir, conspirar, hacer sufrir y más por merecer una mejor posición para su vida terrena. El sistema lo permite y muchas leyes humanas lo amparan.

La idea del paraíso se encuentra muy ajena a nuestra realidad. Cuando el hombre conoce de la existencia de otros mundos, de *universos paralelos*, innegablemente llega a la comprensión, tras una leve dosis comparativa, de que no vivimos dentro de un lugar maravilloso, por desgracia, a causa de la ambición humana.

Valoremos un poco la vida en el planeta Tierra sin quitarles mérito a las grandezas que hemos alcanzado; de tal modo es posible hacer comparaciones engorrosas con seres que existen en otros estados de conciencia.

Lo primero ya lo expresé: somos criaturas presas del hambre. Todas las células requieren alimento para su sostenimiento biótico. El hambre nos conduce a dedicar gran parte del tiempo de nuestra vida a suplir esta necesidad. Para el caso, requerimos de medios como el trabajo, el cual proporciona dinero para conquistar esa prisa y otras que se añaden al tema. Para laborar, debemos estar cerca del área de trabajo, de tal modo que provocamos el hacinamiento. En este se hace necesario compartir con otros seres que, al igual que nosotros, presentan la misma carrera ante la vida. El trabajo en la sociedad hace que dediquemos nuestro tiempo a alguna actividad lucrativa. Este tiempo pronto nos hace presos del reloj, y esta es nuestra realidad cotidiana.

El yo y la destrucción de demonios

A quien tiene resuelto este problema, lo llamamos afortunado, pero ¿realmente lo será?

El ser humano ha alcanzado una cómoda y quizá placentera vida en sociedad, pero en esa existencia cada persona continuamente es perturbada por muchos de sus temores. Uno de ellos, el más grande, le propone el reto que tiene ante el intransigente paso del tiempo.

Irremediablemente, todos tenemos una cita para entregar este vehículo al que llamamos cuerpo. Las criaturas celulares estamos supeditadas a la muerte.

Pero este no es un temor de nuestro ser superior, puesto que su esencia es infinita e imperecedera; ese miedo a la pérdida nace del elemental o de nuestra mente racional. *"Deja que los muertos entierren a sus muertos"* (Lucas, 9:60).

Si consideramos la vida de los elementales de la naturaleza como ejemplo, o la de las hadas, los ángeles o los espíritus superiores, podremos entender que nada de esto existe para ellos. Su esencia nunca se pierde, es libre de toda necesidad y goza de una existencia ilimitada; por ello existen separados del concepto tiempo y se vuelven infinitos. Cualquiera de estos seres disfruta de un gran paraíso, al que puede llamarse *la casa de Dios*. No hay esclavitudes en la esencia divina, no hay hambre, vestido, techo, jefes, trabajo, deudas y compromisos. Es total libertad, puesto que nada de eso se hace necesario.

Debido a esto no existe la competencia; nada acosa a estos seres y solo se trata de estar en paz con la esencia divina que los ha creado.

A esto llamó Jesús el paraíso, reino donde la vida es existir sin temor alguno.

Entonces, ¿por qué estamos aquí? Esta será la próxima pregunta que rondará nuestra mente.

El ángel que mora dentro de nosotros, como ya lo expresé antes, vivió ya en el paraíso. El recuerdo de esto lo lleva a buscar el concepto de Dios en credos, cultos y religiones, pero el carcelero, que es nuestra mente racional, lo lleva a perder continuamente su objetivo. Este es nuestro inconsciente. Mientras nuestro espíritu busca la salida, nuestra mente construye muros de necesidades y entretenimientos para ese ángel que llevamos dentro, aquel que somos en realidad. En masa, esa mente grupal es el inconsciente colectivo, como expresé antes.

El espíritu es inmortal, es esencia de Dios viva. Este no nace, no crece, no se reproduce y no muere. Al ser esclavos del reino elemental y vivir en cámaras o cuerpos maravillosamente diseñados por la evolución terrestre, sentenciados por nosotros mismos, a causa del mal proceder, estamos sometidos al continuo retorno. Estos *envases* que agotamos en cada existencia seguirán siendo nuestra morada hasta que encontremos el camino al paraíso.

El espíritu es inmortal. A lo largo del tiempo, solo tiene dos opciones: retornar a la luz, que es lo más difícil, o continuar su desfile hacia la oscuridad, que es lo más fácil. Esto hace comprensible el sendero de los iniciados y el ensañamiento del inconsciente colectivo con ellos.

El mundo, tal como lo conocemos, es un lugar de transición para los ángeles. Los demonios de la oscuridad un día fueron humanos, y antes que eso, ángeles. Muchas de las civilizaciones pasadas fueron como nosotros, y de esas grandes masas, pocos, pero muy pocos encontraron el camino de retorno. *"Mi Reino no es de este mundo. Si de este mundo fuese mi Reino, mis ministros sin duda pelearían para que no fuera yo entregado a los judíos"* (Juan, 18:36).

Es común que el inconsciente colectivo conspire contra el buscador de su propia libertad. En el mar de su propia inconsciencia, no logra comprender la prisa de los ángeles que buscan el retorno a la luz, mediante el proceso de la iluminación. Como si se tratara de un desertor, la masa humana agrede y entorpece el avance del buscador y se convierte en el principal obstáculo para el propósito de la Gran Logia Blanca por rescatar a los ángeles que habitan en la Tierra. Conociendo tal efecto, el buscador termina por convertirse en ermitaño, lejos del ruido, lejos de la distracción, lejano a la incomprensión.

Esa búsqueda... Es esa búsqueda la que nos permite concebir una deidad. Todos los pueblos de la antigüedad, de algún u otro modo, han seguido las enseñanzas de sus líderes espirituales, quienes les anunciaron que hay un modo de retirar los grilletes y avanzar hacia la luz. De estas enseñanzas parten los cultos que luego se convierten en religiones o sistemas filosóficos. Entretengámonos un poco en este concepto para que podamos entender dónde se busca la verdad.

El camino de retorno es secreto o hermético. Si hacemos un balance entre los seres humanos y los seres humanos que alcanzaron la iluminación, tendríamos un resultado de noventa y nueve a uno.

Son muy pocos los seres que han alcanzado la iniciación. Esto nos indica que *"son muchos los llamados y pocos los escogidos"*. Pero ¿quién es el que escoge?

Realmente, no hay alguien que escoja; en este caso, existe un sistema de autoselección para luego ser aceptado por la Gran Logia Blanca. Esto significa que el estudiante del sendero da sus primeros pasos para ahondar en las filosofías; luego, entiende que el camino no se encuentra afuera, sino dentro de sí. Entonces, empieza a laborar en su propia piedra hasta labrarla de tal modo que se convierte en luz espiritual, y esta piedra fosfórica no se ilumina más que por la práctica de los ejercicios iniciáticos, que son única y exclusivamente de uso interno, para laborar dentro de sí. Ese es el camino a la iluminación y, posteriormente, a la redención.

Las filosofías y los cultos son sistemas que invitan a los buscadores a entender que todo se encuentra dentro, que allí es donde inicia la búsqueda. Las mitologías, por ejemplo, son cuentos hechos por iniciados para alegorizar funciones internas del organismo. Para citar un ejemplo, tomemos a Hermes o al dios Mercurio, que metafóricamente hace alusión al sistema nervioso, al mensajero de los dioses. Por otro lado, tenemos a Zeus entre los griegos o a Thor entre los nórdicos; ambos gobiernan el rayo, la energía espiritual.

Así, encontrarás sistemas, filosofías, creencias, religiones y más, todo ello invitando a iniciar un camino, un sendero por el que se han perdido aquellos noventa y nueve que no entendieron el mensaje de su maestro.

Todo culto, todo ritual, todo dios, toda creencia es, en su origen, un modo de referirse a la actividad interna de la luz espiritual, y debe ser tratado sin tergiversación ni alteración alguna.

Pero ¿por qué ocultar el camino de tal modo?

Ubiquémonos mentalmente en una cárcel de nuestros sistemas sociales de justicia. Un prisionero que cree haber tenido lo suficiente con su pena decide escapar. Este elabora un plan. ¿A cuántas personas se lo diría? ¿Qué sucede si diseña una herramienta útil para ese escape y la hace pública? ¿Qué anidará en el corazón de los otros hombres si entienden que existe esa herramienta? ¿Qué seguridad tendría él de permanecer con vida para llevar a cabo su estrategia de liberación?

Las respuestas que has obtenido en tu mente contestan todas estas preguntas. Cierto es que lo más prudente es hacer su proyecto y dejar pautas para que otros puedan lograrlo sin explicarlo detalladamente, con el objetivo de que no se cometan atropellos y que los carcelarios no se ensañen con aquellos que con su propio esfuerzo desean conquistar la libertad.

Este símil me permite explicar la posición de las jerarquías de la luz ante el que busca su sendero de redención. Cuando expresé antes que es cada uno quien se autoescoge, lo expuse bien. Cada alma ha iniciado, en algún momento, el camino de regreso, ya sea por medios filosóficos o prácticos, pero lo ha hecho. En ese sendero, muy posiblemente ha desmayado al encontrarse con la complejidad del asunto, dedicándose al proceso más simple, que es continuar en la competencia por la supervivencia en el planeta. Muchas son las almas que han perseverado y, encarnación tras encarnación, logran retirar algún o algunos ladrillos de esa prisión que las separa de su libertad. La tarea no es fácil, y quienes la hacen complicada son los mismos compañeros de ruta. Ningún ave, insecto o mamífero se opone al caminante; son los mismos humanos quienes, amparados por la oscuridad, entorpecen el camino de los que anhelan la libertad.

Hay que recordar que se aspira a regresar a la Casa del Padre, de donde hemos provenido. Pero para regresar a ella es estrictamente necesario aprender a vivir aquí como si viviéramos allá. ¿A qué dueño de casa le gustaría alojar a un abusivo? Al avanzar con el corazón limpio y el anhelo sincero del alma, poco a poco el buscador se va purificando para alcanzar su sueño; es allí cuando se convierte por sí mismo en un escogido.

Cuando se labora dentro de sí se despiertan las facultades dormidas que posee nuestro espíritu. Por esta simple razón, el hombre encuentra una poderosa herramienta de poder en sí mismo. Esta herramienta poderosa es una terrible arma en manos del humano-animal.

Detrás del despertar viene el poder del espíritu. Muchas personas, con solamente aprovechar algunas facultades de la mente, hacen estragos, manipulando y controlando las decisiones de otros. ¿Qué harían al encontrar que existe algo más poderoso que el poder mental? Simplemente, más estragos.

Estos son los motivos por los que el camino a la liberación ha tenido que convertirse en un sendero estrecho, hermético y cerrado, solamente descifrable para aquellos que, con corazón sincero, aspiran a su propia realización espiritual. Esta es la razón por la que los que han alcanzado su ideal dejan en claves, metáforas y escritos vedados a la mente racional todo un tratado y la ruta para lograrlo.

Volviendo a ese noventa y nueve a uno, diré que las excelsas jerarquías de la luz de Dios siempre han deseado ayudar de buen grado a todos los seres para alcanzar su redención; es el propio humano quien cierra las puertas a tal ayuda.

Por desgracia, la humanidad, este inconsciente colectivo, sigue plácidamente el propósito de los entes de la oscuridad: demonizar a los ángeles por masas. Ese es el plan maestro de nuestra estadía aquí. Los demonios que hoy existen ya lo vivieron y no tienen retorno, porque no poseen luz para reencarnar.

El mundo está lleno de engaños, mas esta es la mayor falacia que descansa sobre la conciencia humana. Este no ha sido ni es su paraíso. En realidad, el paraíso terrenal existió en un inicio, antes de que cambiara la naturaleza elemental en el mundo, dando paso a la maldad y a la depredación.

La desobediencia al plan original, la ambición de poder de algunos seres y quizá más cosas que no se me han permitido conocer desencadenaron en el planeta muerte y destrucción. La engañada luz de los ángeles desertores acudió a la cita, quedando aprisionada en la red tendida por este bajo propósito. La luz de las estrellas conoció las tinieblas a través de este engaño. Nuevas almas continuamente son arrastradas, formando más seres humanos.

Esa es la verdad del mundo en la que se desenvuelve nuestro *yo*.

Para encontrar la ruta de retorno es necesario bucear en los misterios iniciáticos; estos se encuentran escondidos en todas partes, hasta en el juego mismo de la naturaleza de los cuatro elementos, en las Sagradas Escrituras, en el orden del tarot, en los lenguajes sagrados, en los números, en la Cábala y más. Muchos maestros dejaron sus escritos de manera oculta, valiéndose de variados recursos.

Para no extenderme en este escrito, te invito también a que busques acerca del tema en mis otras obras.[4]

En resumen, el inconsciente colectivo es esa masa que mantiene el orden del mundo nuevo, creado por el hombre y auspiciado por la oscuridad. Es triste tener que comprender que vivimos en vano. Cada hombre y cada mujer sacrifican su existencia por alcanzar ideales, y luego mueren sin llevarse ninguno de sus esfuerzos.

Es en este esquema social donde habita el *yo* elemental, el *yo* externo, el *yo* de la naturaleza física, la mente, la porción que hizo cambiar la vida en el planeta, aunque eso tenga por precio la esclavitud de la *luz divina* a la forma, la esclavitud del hombre a la materia.

---

4   *En el aura de Dios*; *Runas, el lenguaje de luz*; *Los tres soles y la sabiduría fiel*; *Dios y la verdad escrita en números*; y *Bereshit, el libro de Cábala de Mahalaet.*

Los dos yo

En nosotros existe una combinación de inteligencia y sabiduría. Sin embargo, vagamos en la inteligencia e ignoramos la sabiduría.

La inteligencia se alimenta de la sabiduría; en otros términos, diría que el cerebro se nutre de la luz del espíritu, gracias al mental superior. Si bien la inteligencia es una herramienta mediante la cual se expresa la sabiduría, no es la sabiduría misma.

Esto es lo que nos diferencia de los animales y define por qué somos la especie más evolucionada del planeta; irónicamente, aquella misma que lo destruye.

En el yo superior radica el conocimiento de la casa de Dios. Es de allí que surgen el anhelo de libertad y el deseo de alcanzar la Gloria, liberándose de la prisión de la materia.

Este es el yo soy que Jesús continuamente anunció en sus enseñanzas, aquel a quien el Divino Mesías vino a representar, la esencia de Dios en nosotros. "Je sui Cristo"; "Yo soy cristal".

Nuestro yo superior se encuentra anulado por nuestro yo externo, y a medida que nos hacemos adultos lo ignoramos cada vez más y más. La carga de responsabilidades, la conquista de los sueños y las búsquedas que emprendemos en la vida social son las causantes de este olvido.

Por desgracia, la mayoría de nosotros se percata de la verdadera identidad de su ser en el encuentro con la muerte física. Este es el momento en que el elemental pierde el control, al liberarse los vehículos sutiles del ser.

El hombre vive en un mundo de extrema pobreza. Todo cuanto alcanza en la vida se extravía en el tiempo, se va con los años, lo pierde en el ocaso de la vida al llegar su muerte y, finalmente, nada se lleva a la morada de los muertos; solo un cúmulo de creencias que se descubrirá errado con la nueva experiencia. Todo humano ingresa a un mundo donde el más profundo lamento radica en haber perdido el tiempo en la vanidad de la vida. Después de abandonar el cuerpo físico, el individuo evidencia una existencia sin cuerpo, en un reino de múltiples estados vibratorios. Todos estos estados están en relación directa con el grado de pureza del corazón de cada quien. Acorde a ello, le corresponderá un lugar adecuado en dicho reino, mientras se lo prepara para una nueva encarnación.

Para nadie es un secreto que la prisa por la vida nos esclaviza día tras día. Somos esclavos de lo que tenemos y de lo que no tenemos. Pertenencias y más pertenencias, cosas y personas por cuidar agravan el descuido de nosotros mismos. El temor a perder es la atadura más compleja que posee el ser humano.

Este miedo no nos permite ser libres para vislumbrar la gloria del espíritu en el Reino de los Cielos.

> 22. Jesús, oyendo esto, le dijo: "Aún te falta una cosa: vende todo lo que tienes y dalo a los pobres, y tendrás tesoro en el Cielo; y ven, sígueme".
>
> 23. Y entonces él, oyendo eso, se puso muy triste, porque era muy rico.
>
> 24. Al ver Jesús que se había entristecido mucho, dijo: "¡Cuán difícilmente entrarán en el Reino de Dios los que tienen riquezas!
>
> 25. Porque es más fácil pasar un camello por el ojo de una aguja que entrar un rico en el Reino de Dios".
>
> *(Lucas, 18:22-25)*

Verdaderamente, esta es una dura prueba para una mente esclava de la forma y de todos sus esfuerzos en el mundo de la materia. Jesús lo expresa con claridad: mientras seas esclavo de la forma y tu *yo* sea esclavo de sus métodos, es muy difícil que descubras la *luz de Dios* que hay dentro de ti.

Disfruta de lo que tienes sin que seas prisionero de eso.

Ya lo dije antes: estamos en el medio de la cuerda. De un lado sujeta la oscuridad, y del otro, la luz. Pero es cada ser humano el que decide hacia dónde dirige su fuerza.

Cada individuo vive en medio de una silenciosa competencia entre el ser elemental y el espíritu, el carcelario y el encarcelado. Su espíritu clama por liberarse; el elemental, por esclavizarlo. Ambos están sentenciados por una misma condena: el tiempo. Los dos tendrán que desalojar la morada donde habitan por una vida. No ha existido magia más dañina que el haber encapsulado el no-tiempo en el tiempo.

La educación del yo

Ubiquemos nuestra imaginación por un momento en un recién nacido. Es, en esencia, una criatura sin más preocupación que la de alimentarse. No piensa en nada que lo comprometa; quizá ni piensa. En este primer proceso, se encuentra acoplándose a la nueva expectativa que representa la vida. Al no padecer de conceptos ni prejuicios, su espíritu se encuentra en total efervescencia. Este no sabe de guerra ni engaños, no entiende de mentiras o estrategias, y aun cuando trae un destino trazado, fabricado por su pasado, todavía no se encuentra con este. Un bebé es libre, completamente libre.

Mediante un proceso llamado educación, los adultos lo introducen en el mundo del pensamiento. La mente primaria asimila lo que se encuentra a su alrededor, imitando las conductas que analiza de sus allegados. En esta instancia, su mente no actúa más que para aprender y su espíritu es libre de todo prejuicio.

Pronto, comienza a experimentar la negación, a causa de la cantidad de *noes* que llueven de toda dirección: no toque, no agarre, no grite, no llore, no tire, no arroje, eso no, no esto y no aquello. La nueva criatura empieza a encontrar limitaciones que, si bien son necesarias, aún no las comprende. La palabra mágica *no* es un símbolo de cohibición que la acompañará a lo largo de su existencia.

Luego, en ese proceso de asimilación, vienen las comparaciones, el qué hacer, mediante la observación de los demás. Comprende lo que se puede y no se puede hacer, comienza a condicionar su mente para evitar un *no* como llamado de atención, copia la conducta ajena. Aún allí, su joven mente no está preparada para preocupaciones ni angustias por las prisas de la vida; su espíritu explora libremente y con voluntad creativa en el nuevo mundo al que acaba de incorporarse.

Eso es un niño: un espíritu libre de prejuicios y ataduras filosóficas que lo lleven a confundirse y a no creer en sí mismo; no tiene el peso de la desilusión ni de la frustración que carga la vida adulta. Tampoco entiende de compromisos ni de pagos de recibos o tarjetas; no es títere de jefes ni de presiones laborales; no entiende de cansancio o rutina. No sabe de gastos, complejos ni dietas; no entiende del tiempo ni es esclavo de ello; no tiene su mente atada al error ni su alma condicionada por el dolor. No sabe de derrotas y no comprende de tormentos.

En pocas palabras: es libre, absolutamente libre para descubrir el mundo que tiene por delante, creyendo en sí mismo cada día, prestando su *yo* a todo descubrimiento que pueda llamar su atención.

Resumiendo: su *yo* superior es libre, entera y completamente libre. Esta es la enseñanza que nos brinda el *Divino Pastor* en su encuentro con los niños:

> 15. Traían a él los niños para que los tocase; lo cual viendo los discípulos, los reprendieron.
>
> 16. Mas Jesús, llamándolos, dijo: "Dejad a los niños venir a mí, y no se lo impidáis; porque de los tales es el Reino de Dios.
>
> 17. De cierto os digo que el que no recibe el Reino de Dios como un niño no entrará en él".

(Lucas, 18:15-17)

Continuando con el proceso formativo, llega la enseñanza escolar. El encuentro con la hoja y el papel lo relaciona con el lenguaje escrito y las bases de la lógica. Con el sistema de tareas, su mente empieza a adquirir responsabilidades y aprende sobre normas. Así, comienza a enfrentar las primeras ataduras de la vida social.

De tal manera, avanza en alas del aprendizaje hasta ordenarse dentro de la dimensión mental humana. Paulatinamente, se lo incorpora en la comunidad grupal de pensamientos, llamada cultura, donde pone en práctica lo aprendido en casa; sabe de límites y responsabilidades, mas todavía no padece las preocupaciones del adulto. Su *yo* elemental simplemente continúa en la aventura por descubrir.

En este proceso, su mente se educa, mientras su espíritu se resguarda en el interior de su ser. La causa es que todo aquello que está fuera y estimula los sentidos es más entretenido que mirar hacia dentro. Este es el proceso en que los sentidos se apoderan del ser; lo someten a una conexión tan esclavizante que luego será muy difícil de controlar.

Más adelante, el despertar de las secreciones hormonales lo encaminará por el sendero de las sensaciones del alma. Aparece el enamoramiento.[5]

Este es el momento en que se activan los más profundos surcos de las emociones.

Las emociones son controladas por dos vehículos de nuestro septenario: el cuerpo astral, gobernado por la energía lunar, y el alma, regida por las energías del ascendente y Venus.

Las vibraciones bioelectromagnéticas o del astral son, por decirlo así, las causantes de la simpatía o antipatía entre los seres. En el vehículo físico, las sensaciones se somatizan, creando un particular comportamiento bioquímico en la producción de hormonas. La ciencia llegó al convencimiento

---

5   Este tema es tratado con mayor profundidad en mi obra *Los tres soles y la sabiduría fiel.*

de que todo esto se debe a un influjo perceptible de aromas originados por la acción de las hormonas. Este influjo hormonal es desencadenado por las vibraciones de los astros, y en ello estriba la buena o mala fortuna en el campo del amor. Todo este proceso lo conocemos como encantamiento.

Sorprendentemente, el maestro Huiracocha —Krumm Heller— trató este tema en sus libros y revistas hace más de cincuenta años.

Si alguien encanta nuestro vehículo astral, seguidamente ilusionará nuestra alma. A esto lo llamamos enamoramiento.

Muchas relaciones no pasan del encantamiento, se presentan como una fluida producción de hormonas y no sobrepasan la etapa de la atracción. Estos bellos sentimientos serán, desde entonces, motivo de grandes alegrías o profundas tristezas; todo ello depende de la condición energética y kármica de cada quien.

Este es un sentimiento que enajena la voluntad de cualquier individuo, hombre o mujer, y su acción es más poderosa que toda la entretenedora condición mental; es decir, sentimientos tan dulces y profundos pueden conducir a un individuo a lograr grandes hazañas o a cometer los más atroces y profundos errores.

Acompañando este proceso de *búsqueda de la felicidad*, el ser humano se prepara para entrar en la desgarradora competencia de la sociedad, la lucha por conquistar fortuna o simplemente por el autosostenimiento. La energía mental se apresta a satisfacer sus necesidades sociales y a augurar, de este modo, una existencia cómoda a quien tiene la oportunidad, y a quienes no la tienen, su mantenimiento y supervivencia social.

Todo esto conforma el *pulpo* de la sociedad. Día tras día, enceguece más y más toda intención del espíritu por levar anclas y buscar su libertad.

Finalmente, llega la vejez; toda la energía de la vida perdida en la búsqueda de una pensión o en la capitalización para quienes pudieron alcanzarla. Los menos afortunados se ven forzados a continuar laborando o sujetarse a la caridad de su prójimo.

Ya en la edad adulta, una vez superada la actividad de la vida, surge el tiempo para religarse con Dios o buscar hacia adentro. Quizá para tal edad el cuerpo no esté en condiciones de aceptar un trabajo físico espiritual, el cual debe realizarse para alcanzar el propósito divino; para ello es necesaria una buena secreción hormonal, pero a una elevada edad, muchas glándulas y órganos están agotados, maltratados y, en otros casos, enfermos. Solo queda el consuelo de la filosofía.

Si surgiera a tal edad el anhelo por encontrar el camino, cabe entonces esperar una nueva encarnación y, de seguro, otra vez se verá el ser obligado a seguir el curso de la humanidad, repitiendo vida tras vida el incansable proceso en el que su mente racional lo sumerge encarnación tras encarnación. A esto los orientales lo llaman la rueda del Samsara.

Por todo esto, en suma, trata de contemplar la grandeza que llevas dentro, haz resurgir tu *yo* interno, sácalo del caparazón del mundo por unos instantes. Son muchos los seres en el *Reino de la Luz* que se han preocupado por que lo hagas, mas si no está dentro de tus intereses, está bien, pero he aquí por lo menos un escrito que te informa acerca de quién eres y cuál es tu papel actual en esta obra del universo.

Con todo lo expuesto, es claro que nuestra composición no se basa única y exclusivamente en el pensamiento y el cuerpo físico. Somos más profundos, más explorables, más especiales, mucho más de lo que cualquier mente humana pueda imaginar. Con lo referido hasta aquí, dejo al descubierto la verdadera identidad del *yo*, o de los *yoes* presentes en el ser humano.

El rescate del yo superior

La mente, ataviada por sus ocupaciones, anula la identidad del ser divino que llevamos dentro, sometiéndolo al mundo de la forma.

En el ocultismo, a este principio se lo llama inconsciencia; un espíritu gobernado por su elemental.

Los que dedicamos la vida al camino de retorno sabemos que la meditación es uno de los senderos que nos conduce a tan majestuoso prisionero.

Pero ¡cuidado! Esta palabra ha engendrado la creencia de que meditar es cerrar los ojos y nada más. Este proceso es mucho más profundo, ya que encierra una serie de técnicas previas para alcanzar el objetivo. Meditar no es el acto de pensar en silencio o pensar con detenimiento sobre algún propósito; a esto lo llamaríamos concentración. Meditar es acceder a las puertas del silencio, donde mora la luz del espíritu.

> Mas tú, cuando ores, entra en tu aposento y, cerrada la puerta, ora a tu Padre que está en secreto; y tu Padre, que ve en lo secreto, te recompensará en público.
>
> *(Mateo, 6:6)*

Es claro para muchos que cuando queremos meditar normalmente somos invadidos por múltiples pensamientos distractores que hacen de nuestro intento un fallido.

El *yo* externo, el *yo* mental, el inquieto elemental coloca trabas a este propósito de alcanzar el *yo* supremo, con el objeto de que este no encuentre el camino de su realización.

La meditación es el proceso por el cual abordamos la luz del espíritu, y para ello es necesario aislar la mente racional. Pero todos los que de uno u otro modo se han dedicado a meditar saben que la mente es de naturaleza inquieta, y más inquieta se presenta en esos momentos en los que buscamos el contacto íntimo con nuestro *ser*.

En esos instantes surgen pensamientos aquí y allá, desviando al practicante de su objetivo. No existe mayor verdugo para este propósito que la misma mente.

Del mismo modo en que una gota de agua que cae de continuo sobre la roca con el paso del tiempo le causa un hoyo, poco a poco la meditación logra controlar al implacable carcelero.

Pero para alcanzar ese silencio es necesario ceñirla de tal modo que limitemos su acción sobre sus cautivos juguetes. Sus dos preferidos son la actividad del cuerpo físico y la ruta de las emociones.

Quienes han intentado meditar saben que el cuerpo no ayuda. Manifestaciones físicas como comezón, cansancio, búsqueda de posiciones cómodas y sueño son algunas de las que se presentan en tales momentos.

El tema de las emociones es también otro de los problemas que surge cuando queremos intentar un contacto con nosotros mismos. El elemental astutamente busca en nuestros corazones recuerdos de algo no procesado, causando con ello conmociones internas. Es así que logra centrar la atención mental en esos asuntos.

Con tan hábil guardián, no es tan simple como cerrar los ojos y nada más.

El maestro Therión, Aleister Crowley, enseña que para llegar a esos estados internos es necesario llevar un proceso de control sobre ese tipo de problemas. Para el caso, en su *Libro 4*, enseña las técnicas de control para cada uno de los vehículos involucrados en el sabotaje espiritual.

Para alcanzar el dominio sobre el cuerpo físico, de modo que este no intervenga en el proceso de la búsqueda interna, es necesario practicar durante varios años algunos asanas. Asana, como él lo explica, significa posición. Es enseñar al cuerpo a tomar una posición y, mediante nuestra voluntad, hacer que se mantenga en ella, aunque sobrevengan el cansancio y el dolor. De tal manera, se educará para respetar el momento del contacto íntimo con nuestro ser superior. Hubo épocas en que yo les decía a mis alumnos: "Siéntense cómodos, relájense…"; pero ahora, con criterio real, les diría lo contrario: "Siéntense incómodos; dominen ese sentimiento de querer moverse".

Luego de alcanzar la conquista sobre el cuerpo físico viene el asalto sobre las emociones.

Es necesario ir a revisar el pasado para que pueda procesarse todo aquello que fue traumático para nuestra existencia. Cada caso debe ser analizado conscientemente por nuestro corazón. He aquí una de las maravillas del perdón: consiste en abrir los archivos registrados por nuestra mente consciente, comprenderlos, procesarlos y resolverlos. Así, la mente no tendrá cómo utilizarlos en nuestra contra en el momento en que se busque una interiorización.

El tercer paso radica en centrar la mente. Se requiere mantenerla ligada a un objetivo; para lograrlo, la herramienta más útil es la visualización.

Este método consiste en dedicar grandes períodos de tiempo a la contemplación de una sola cosa, aunque los pensamientos vuelen de aquí para allá. El objetivo es quedarse ahí, abstraído y concentrado. Aún cuando surjan deseos de hacer algo diferente, obligarse a la quietud y a no perder el objetivo es una de las técnicas más efectivas, que, sin duda, ayudará a educar la inquieta mente para alcanzar la realización de tan esforzado propósito.

Luego de mucho practicar el ejercicio de la contemplación, el siguiente intento debe enfocarse en alcanzar el silencio. Consiste en hacer lo mismo o cosas parecidas, pero buscando el sigilo, en el cual reposa la naturaleza de nuestro espíritu. Este paso es bastante más complicado que los demás, debido a que la mente, en su actitud de obstruir el proceso, tenderá siempre a comportarse como una loca en una biblioteca, lanzando uno y otro libro, abriendo cada uno de estos en los temas más interesantes, a fin de distraerte de tu objetivo. Encontramos otro símil en las emisoras de radio cuando deambulamos por el dial; así es la distracción mental. Es muy importante no centrarse en ninguno de ellos, porque caer en esa trampa es perder el propósito.

Una vez que se alcanza por un breve instante el silencio, el espíritu habla. Pero ¡cuidado!, porque la última defensa de la mente es colocarse el disfraz de sabia. Entonces resulta fácil creer que es el espíritu el que se está manifestando.

El espíritu se expresa a través de sensaciones, como ráfagas de emociones placenteras, y lo normal es sentir la sensación de una profunda paz, acompañada de la más augusta de las felicidades. En ese momento, te has encontrado.

¿Y qué hacer cuando lo alcances? Nada, porque si piensas, pierdes. Solo déjate llevar.

El inconsciente colectivo

Ya he explicado antes que el inconsciente colectivo es esa masa de seres inconscientes, fieles al proceso elemental del planeta. También expresé que, en su naturaleza personal, actúan sin conciencia y son leales a la idea de permanecer anclados a la evolución terrestre. De tal modo, y en medio de tanta desorientación interna, esta inconsciencia colectiva se torna agresiva y es normalmente incomprensible. Tomemos como ejemplo un caso muy popular: basta recordar los pasajes bíblicos que relatan cuando los fariseos asecharon continuamente la tarea de Jesús. Mas todos los que han alcanzado el divino propósito de algún modo experimentaron algo parecido, todo ello causado por la ignorancia de sus congéneres. Para el caso tiene sentido la frase: *"Padre, perdónalos, porque no saben lo que hacen"*.

Si supiesen lo que hacen, no lo harían, pero la inconsciencia es tal que en muchos seres existe un abismo entre su identidad espiritual y su mente.

Han sido muchas las almas que buscando la luz fueron víctimas de la ignorancia de este inconsciente colectivo. Refiriéndonos a hechos históricos, podemos citar la persecución a los discípulos de Jesús, luego a los primeros cristianos, la Inquisición, que aspiró a eliminar a los ocultistas y a los científicos, y la extinción de los sacerdotes de las distintas culturas americanas, entre muchos otros casos.

Esta es una de las causas por las cuales el caminante del sendero iniciático recorre su trayecto inmerso en el silencio.

No tiene sentido alzar la voz para proclamar que pertenece a una senda o a un proyecto espiritual si sabe que pocos pueden acompañarlo en su viaje.

Son muchos también los que temen a la mala suerte.

Reflexionando sobre esta perspectiva, ¿consideras a Jesús un *ser* con mala suerte? Perseguido antes de su natalicio, tentado por el demonio, experimentó necesidades en el desierto, fue mal comprendido, maltratado y torturado, le dieron muerte en la cruz y después de su muerte no tuvo, salvo por un regalo, una tumba personal o propia. Luego de esto, persiguieron y asesinaron a sus seguidores. Esto le ocurrió al más especial que vino desde el *Reino de Dios*, la Casa del Padre, en una misión para la posteridad.

No, nada de mala suerte: el Mesías vino a transformar al mundo y a anunciar que existe una morada a la cual pertenecemos, pero el inconsciente colectivo lo asedió.

Los caminos iniciáticos no son para los que buscan brillar o destacarse como los mejores. Es un sendero para aquellos que se atreven a descubrir su propia naturaleza. Por desgracia, el candidato a la sagrada iniciación debe enfrentar la ignorancia colectiva, donde los duros peldaños son ásperos, a causa de la misma humanidad.

Antes fueron las persecuciones, invasiones, creencias obligadas y otras, pero ahora los velos que nos someten a la ignorancia son más profundos y sutiles. La fuerza del inconsciente colectivo, la mente global, actúa tras una de sus más anestésicas estrategias: la confusión.

En la mezcolanza de ideas y criterios, y en ese maremágnum de filosofías en las que divaga la mente, el ser humano se pierde en principios, credos, creencias y conceptos.

El despertar está dado por el conocimiento de sí mismo. ¿Cuántos sencillos indígenas alcanzaron la gloria con solo ir hacia dentro? ¿Cuántos de estos sin preconcepto alguno lograron la meta, lejanos a toda creencia que condicionara su mente?

Resumiendo: la respuesta está en buscar hacia dentro, buscar la luz de Dios que habita en el interior. El humano que desee tal precepto debe entender que para ello se hace necesario ir abandonando plácidamente el ruido mundano. Luego, recogido dentro de su propia meditación, puede procurarse un encuentro consigo mismo. Para ello, quien lo desee debe vencer su propio obstáculo, su mente racional, y poco a poco encausarla por una disciplina hasta hacerla consciente de respetar el divino propósito. Debe retirar, además, los juguetes del elemental, en un proceso de transformación de las emociones. Con todo esto en orden, puede abordar y contemplar las maravillas de su *yo* interno.

Para simplificar el proceso de la ruta hacia el interior, presento la siguiente gráfica.

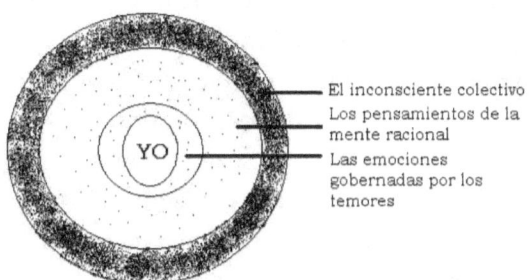

Este es el proceso que conduce hacia el interior del ser. En este viaje sobran las filosofías, las creencias, las vanidades y toda valoración que se tenga de alguna cosa procedente del reino de la Tierra. Este es el más humilde y grandioso de los viajes, un billete para acercarse a Dios a través de la esencia pura que es cada uno de nosotros.

A todo aquel que inicie su proceso de autoexploración le es profundamente necesario comenzar por apartarse del error.

Para los demonios que acosan las mentes humanas existe una gran conveniencia en conducirlas por la senda de la maldad. Es un truco simple, pero altamente perjudicial. Estas criaturas empujan a los ángeles encarnados, nosotros, a comprometerse con la ley cósmica del justo equilibrio. Este es el modo mediante el cual se garantizan la estadía de las almas en el planeta. Realmente, ese es su objetivo.

¡No nos dejes caer en la tentación y líbranos del mal! Estas frases del Padrenuestro se refieren, concisamente, a un pedido por desvanecer el nefasto propósito de los entes de la oscuridad.

Si las almas *pecan*, es decir, se comprometen con la ley del justo equilibrio, esto les acarreará dolor postrero. Sin embargo, lo profundo del tema es que las ata a la evolución del planeta, donde perderán su luz paulatinamente y al cabo de muchas encarnaciones terminarán convirtiéndose en nuevos demonios. Los demonios que a la fecha existen son los espíritus de civilizaciones que sucumbieron, como las de los lémures y los atlantes. De esta generación nuestra ya son muchos los que actúan como tales.

Como expresé antes, para buscar el contacto sagrado con el santo ángel es necesario hacer uso de las virtudes y alejarse del error. La maldad es la puerta más ancha a la que invita la oscuridad para esclavizar humanos ante los arcontes del destino.

> Entrad por la puerta estrecha, porque ancha es la puerta y espacioso el camino que lleva a la perdición, y muchos son los que entran por ella; porque estrecha es la puerta y angosto el camino que lleva a la vida, y pocos son los que la hallan.
>
> *(Mateo, 7:13-14)*

Estar atento a las desviaciones que provoca el inconsciente colectivo es uno de los primeros pasos en el retorno a la conciencia angelical.

En síntesis, el inconsciente colectivo se define como la estupidez conjunta de la sociedad, a causa de su ceguera.

El proceso de liberación

El despertar del *yo* supremo permite reconocer la luz de Dios manifestada en la conciencia del hombre; esta representa la libertad y no la esclavitud dentro del mundo de la forma. No existe fuerza que la detenga, ni siquiera la del inconsciente colectivo.

El despertar de la *condición divina* es un proceso evolutivo que involucra varias encarnaciones. Una vez gobernada la dimensión mental y cuando se haya concebido *la luz*, el siguiente objetivo será liberar al prisionero. Para el caso se hace necesario emprender por el camino del control elemental, es decir, el dominio de la materia en la que vivimos, el reconocimiento del templo.

Para llegar a esto, el iniciado debe ser, en primera instancia, amigo de los cuatro grandes reinos elementales que lo formaron, y medirse ante sus pruebas. En lo particular, no valoro esto como un proceso de pruebas; más bien lo considero un tributo que se debe pagar por el vehículo que poseemos.

Todo esto que he venido comunicando es un proceso que se conoce como *La iniciación*. Pero veamos en detalle de qué se trata este tema.

Existen, en realidad, dos tipos de iniciación dentro del proceso iniciático: una externa, de tipo filosófico; y otra interna, que es netamente práctica. La primera nos conduce a la segunda.

Varias cosas encierran este divino propósito. Lo primero es que debemos construir un hermoso vestido luminoso para nuestro ser astral, la dulce Blancanieves. Para ello, necesitaremos materiales preciosos, como el astral líquido, tema que expongo con énfasis en casi todas mis obras. Todo el proceso es práctico y se conoce como *la piedra filosofal*, que es, por así decirlo, la alfombra de nuestro Aladino.

Esta es una de las formas de salir del aprisionamiento material: a través de la conexión con ese vestido. Este se comportaría como un explorador externo, dispuesto por nuestra voluntad para desplazarlo por el éter durante el fenómeno llamado sueño.

Nuestro vehículo astral, siempre que entramos en descanso profundo, se desprende del sistema nervioso para realizar viajes en otras dimensiones. Cuando algo lo impresiona, envía esta información al cerebro para que este la recuerde. Todos los días soñamos, pero pocas veces se guarda el recuerdo de lo que experimentamos durante ese viaje.

El iniciado controla este proceso. Pero la iniciación es algo más profundo, ya que representa esa entrada consciente al Reino de los Cielos en espíritu.

Para lograr esto, el propósito debe ir orientado a limitar al carcelero. Pero como también lo expresé anteriormente, es menester pagar tributo a la carne, y esto se hace ante los cuatro elementos que la conforman.

A lo largo de todo el proceso, las pruebas de la iniciación acompañan a los caminantes del sendero iniciático. Estas, en un principio, se presentan cuando se revela internamente el propósito por despertar ante el *yo* supremo. Luego, es necesario medirse ante ellas para alcanzar la libertad del cuerpo material. A quienes van más allá —me refiero a los magos sagrados— les son dadas las pruebas de la naturaleza para alcanzar la magnificencia sobre el mundo que los rodea. En esto consiste la formación de un *mago*, el cual dista mucho de ser un ilusionista. El *mago* respeta y ama la naturaleza, es amigo de los reyes elementales, actúa con ellos y sobre ellos, y estos lo obedecen.

Jesús nos indica haber alcanzado ese grado cuando caminó sobre las aguas, convirtió el agua en vino, curó enfermos, echó demonios fuera, devolvió la vista colocando barro sobre los ojos y desapareció su cuerpo material, entre muchas otras maravillas. Moisés fue otro grande, y de este sabemos que convirtió el agua en sangre, abrió el mar Rojo y más. David y su hijo Salomón fueron grandes magos, por citar solamente a los más reconocidos en la Biblia. Sin embargo, han existido y existen otros no tan famosos, pero que de igual forma han alcanzado tal nivel de sabiduría.

Con todo lo expuesto, he dibujado claramente el sendero que nos conduce de nuevo a Dios, la vuelta a casa, el retorno de nuestro Rey, el espíritu divino que mora en nosotros.

Es importante pedir ayuda al Cielo mediante la oración. Este acto de nuestra libre voluntad abre la puerta y permite la cooperación a los guías espirituales que acompañan a la humanidad, ayudándola a transitar el sendero.

> Pedid y se os dará; buscad y hallaréis; llamad y se os abrirá. Porque todo aquel que pide, recibe; y el que busca, halla; y al que llama se le abrirá. ¿Qué hombre hay de vosotros que si su hijo le pide pan le dará una piedra? ¿O si le pide pescado le dará una serpiente? Pues si vosotros, siendo malos, sabéis dar buenas dádivas a vuestros hijos, ¿cuánto más vuestro Padre que está en los Cielos dará buenas cosas a los que le pidan? Así que todas las cosas que queráis que los hombres hagan con vosotros, así también haced vosotros con ellos; porque esto es la ley y los profetas.
>
> *(Mateo, 7:7-12)*

Hemos contemplado algunas de las causas de la enajenación del *yo*, los motivos que lo alejan del autoconocimiento y el modo en que puede encontrar la ruta de retorno. Ahora, trataremos acerca de las condiciones que atentan contra nuestros dos *yo*.

Todo aquello que perturba la mente afecta el conjunto, lo involucra y lo *compromete*, aprisionándolo aún más dentro de este mundo material. Una vez reconocida nuestra condición espiritual y sus particularidades, abordaré lo relacionado a la destrucción de demonios.

La destrucción de demonios

El septenario que compone al ser humano será la herramienta para abordar este tema. En esta ocasión, debo relacionar cada uno de estos siete vehículos con el medio en que se desenvuelven.

Cada uno de ellos se desarrolla en un ambiente, dimensión o plano energético distinto de los demás, pero interrelacionados entre sí. Estas relaciones son:

Cuerpo físico..........................Plano físico
Cuerpo vital............................Plano vital
Cuerpo astral..........................Plano astral

Cuerpo mental........................Plano mental

Cuerpo del alma espiritual...
Alma.. | PLANOS SUPERIORES DE LA *LUZ*
Espíritu......................................

Ahora se hace necesario detallar cada uno de estos estados vibratorios. De tal modo, será fácil explicar lo que experimenta el ser en los distintos ambientes. Es así como nos iremos adentrando en el tema de este capítulo.

La dimensión física

Este es el universo visible, el que todos, mediante el uso de los sentidos, conocemos. En la ciencia hermética, lo llamamos el templo, donde habita la divinidad. Los diferentes ritos realizan sus ceremonias en un recinto especial, donde se erige un altar de adoración a los dioses. En un principio, el concepto de templo se albergó como la representación de la casa de Dios. Nuestro cuerpo es esa casa de nuestro Dios o la energía de Dios que somos, energía angélica. Para entender mejor las estructuras de este templo es necesario estudiar un poco de anatomía y fisiología; esto es un paso obligado para el estudiante del sendero. De este modo, podrá comprender por donde fluyen las distintas energías que luego debe transmutar en su templo sagrado. La alquimia tiene por objetivo crear la luz a partir de su propio fósforo.

La experiencia en esta dimensión física la compartimos con otros seres elementales que desarrollan paralelamente su propia evolución. Algunos científicos se orientan en la búsqueda y exploración de distintas formas materiales fuera de nuestro planeta, mientras otros descubren día a día nuevos seres o especies dentro de la naturaleza terrestre. La ciencia todavía no puede precisar el número de especies existentes entre plantas, insectos, bacterias y animales. Aún faltan muchas por descubrir, sin contar aquellas mutaciones que se dan continuamente en los universos microscópicos. El estimativo ronda entre 1,5 millones y 10 millones de especies distintas que pueblan el planeta, todas ellas conviviendo con nosotros dentro de la dimensión física. ¡No estábamos tan solos!

La dimensión vital

Hoy se conoce como espacio vibratorio. Es por donde se desplazan las ondas energéticas de la luz, el electromagnetismo, la electricidad inalámbrica, las ondas de distinto género y un sinfín de emanaciones tanto cósmicas como terrestres. También involucra las vibraciones provenientes de los astros y las proyectadas por los seres vivos, entre ellos, el ser humano.

Es en este plano vital donde se escurren las vibraciones o las ondas vibratorias que llegan al televisor, al celular, al satélite y al control remoto, entre otros ejemplos.

Los aromas, las esencias, la luz, las emanaciones mentales de los individuos, las vibraciones astrales de todas las criaturas, donde se proyectan tanto las buenas como las malas energías, los pensamientos negativos y positivos, las buenas y malas intenciones; todo esto vaga por el éter cósmico en algo que podríamos llamar *las vibraciones del éter* o *vibraciones etéricas*.

Estas vibraciones cósmicas, provenientes del núcleo de nuestra galaxia, se dividen, a su vez, en cinco emanaciones o expresiones del éter. A esto, los hindúes lo llamaron tatwas, y cada uno de ellos se encuentra ligado a uno de los cuatro reinos elementales en la naturaleza terrestre. El quinto tatwa, Akash, es de emanación netamente etérica.

Estas energías gobiernan por espacios de tiempo. Cada uno proyecta su influencia en un estimativo de veinticuatro minutos, modificando los estados anímicos en toda criatura. Para una mayor información, lo refiero a la obra de mi maestro Huiracocha, *El tatwámetro o las vibraciones del éter*.

Los tatwas están distribuidos en cinco modos distintos de vibración que llena la atmósfera entera y ejerce una marcada influencia en toda la naturaleza elemental.

A este plano energético se lo llamó en la antigüedad plano vital, porque es la energía que respiramos y sin la cual la vida física como tal no puede existir. Los hindúes lo han denominado prana, W. C. Leadbeater lo describe como los glóbulos de vitalidad y el doctor Krumm Heller, conocido en los gremios esotéricos como Huiracocha, lo llamó plano vital.

Es esta energía la que acciona sobre el cuerpo físico, y entre ambos —físico y vital— crean el cuerpo astral.

La dimensión astral

En este plano, nos encontramos con todas las formas dobles de la materia, es decir, con el fantasma de todo lo que existe. Son condensaciones electromagnéticas de la materia; es como este mundo, pero en forma sutil. Es un holograma de cuanto conocemos.

Para dar una idea de ese mundo, me enfocaré en el tema de los sueños. ¡Todos hemos tenido sueños alguna vez! En estos es fácil encontrarse con otros seres en otros espacios donde se comparte, ríe, llora y hasta se siente.

Todos, al entregarnos al descanso reparador o sueño, nos internamos en ese plano sutil, donde normalmente *vagamos* dentro de ese mundo astral. No todos tienen recuerdo de lo que acontece en esa dimensión. Esto se debe a que, en la mayoría de las ocasiones, los vehículos mental y astral se encuentran desconectados. Lo cierto es que todos deambulamos allí, no solo los humanos; todo lo existente posee vida sutil en ese mundo de hologramas. Es por eso que en el sueño reconocemos lugares, cosas, animales, personas y más.

La cantidad de criaturas que se proyectan astralmente es incalculable. Si tan solo consideramos a los seres vivos, que según datos científicos oscilan entre 1,5 millones y 10 millones de especies diferentes, ya tendríamos demasiada presencia en dicho plano. Sumados a ello, los elementales de cada una de estas especies, la masa humana, las entidades elementales de los cuatro elementos originales; es decir: las salamandras —fuego—, las ondinas —agua—, los silfos —aire— y los gnomos —tierra—; también los duendes y hadas, las entidades angélicas, los demonios y otros. Por tal motivo, expreso que la dimensión astral es un mundo más real que el que conocemos y habitamos cotidianamente, y al que tienen alcance nuestros ojos materiales.

También es un mundo que presenta demasiadas variaciones. Allí, cada especie, si lo desea, puede cambiar de forma con solo imaginarlo. En la dimensión física, las criaturas estamos sujetas a la inalterable fisonomía material, que solo es posible cambiar mediante la cirugía.

Muchas personas registran haber tenido sueños y visiones donde ven a alguna persona conocida con una edad diferente a la que se le conoce en el plano físico. Otros cuentan que soñaron con algún difunto y que lo ven en ocasiones o más joven, o más viejo, a veces en su mejor semblante. Estos pueden aparecer como lo deseen, ya que en esta dimensión nada está definido; toda criatura cambia de forma con solo desearlo. De ahí el cuidado que debe tenerse con los engaños del astral, pues son muchos los seres que se disfrazan con otra identidad para confundir a quienes vivimos en este plano. La intuición, el discernimiento y la sensación son las únicas herramientas útiles con que contamos para librarnos del enmascarado engaño en la dimensión de los hologramas.

Al igual que en las otras dimensiones, la bondad y la maldad también operan en el plano astral.

La dimensión mental

Como ya he tratado el tema del *yo* externo, entonces me será fácil explicar lo relacionado a este plano.

La dimensión mental es un mundo vibratorio habitado por los seres elementales. Allí anidan las ideas y los pensamientos del mundo elemental. Desde la aparición del ser humano, esta dimensión se ha convertido en un espacio más consciente.

Todas las criaturas elementales piensan y razonan. No ocurre esto, como lo hemos creído, por la capacidad racional de su cerebro, porque entonces tendríamos que preguntarnos sobre cosas relacionadas al cerebro de las hormigas y albergar interrogantes sobre sus inteligentes diligencias. ¿Cómo sabe una ameba que debe envolver a su presa para luego comerla? ¿Dónde están las neuronas que emiten ese pensamiento? Las respuestas a estos interrogantes siempre las hallaremos en los elementales que gobiernan a estas criaturas. El cerebro solamente es una maravillosa estructura aprovechada en el plano material por esa energía elemental.

Todo aquello que el hombre ha creado proviene de las vibraciones de ese plano. Toda cultura idealizada anida en los cúmulos de energía mental que allí se forman. Es allí donde se aglomeran los pensamientos, creencias, preconceptos, ideologías y más. A todas estas agrupaciones de ideas se les ha dado el nombre de *egrégoras*.

Una egrégora es un receptáculo energético que condensa energía mental.

Estas se forman por los mismos pensamientos. Realmente, es como un espacio donde se reúnen las emanaciones mentales relacionadas con un mismo tema.

Cuando alguien piensa en alimento, se sincroniza con la egrégora mental de todos los seres que han pensado en lo mismo y se conectan con ese espacio vibratorio.

Esto mismo ocurre cuando pensamos en la necesidad de un auto nuevo. Existe una egrégora formada por todos los que han pensado en ello mismo, y es esa energía la que conduce a una persona a tener las mismas reflexiones que tuvieron los demás con relación a ese tema.

Los médicos, los ingenieros, los economistas, los políticos, los empresarios, los matemáticos, los veterinarios, los ecologistas y más, todos ellos están interconectados mentalmente en su gremio por una egrégora común.

El plano mental está colmado de egrégoras. De allí parte ese refrán que dice: *"Dime con quién andas y te diré quién eres"*. Las personas se enlazan por egrégoras. Todos aquellos que pertenecen a un grupo específico se unieron a través de una egrégora donde residen las emanaciones de quienes han pensado en lo mismo.

El ser humano ha formado creencias e ideologías que, con el paso del tiempo, se convierten en reglas de urbanidad. Los mitos respecto de la formación del universo, la culturización, el reglamento social y la organización de las sociedades, por ejemplo, son cosas con las que el niño no nace, pero aprende a relacionarse con ellas durante su crecimiento. Almacenar ideas, descubrimientos, razonamientos, creencias, historia y más es lo que convierte a un humano en un ser inteligente y dotado de conocimientos.

Todas estas cosas surgen dentro de la sociedad, y el hombre dedica su vida a defender todas estas creaciones mentales. En ese mar de conocimientos se entretiene la mente del ser.

Llamamos cultura al conglomerado de ideas que alberga una sociedad en específico, y en donde actúan sus propias reglas.

Tomaré algunos ejemplos para dar una idea más concreta.

En el Medio Oriente se les permite a los hombres tener varias esposas. En Occidente, esto es un delito conocido como bigamia si tiene dos mujeres y poligamia si son muchas. ¿Cuál de estas culturas está haciendo algo incorrecto?

Ninguna. Cada región adopta sus propias creencias y su organización social complace sus ideas. En el Medio Oriente, ninguna de las mujeres involucradas sufre por compartir a su hombre. En cambio, en Occidente, una mujer no concibe la idea de ver a su hombre relacionado sentimentalmente con otra dama.

En el Oriente, las geishas son mujeres profesionales y finas. Durante una vida, son arduamente entrenadas para cumplir un papel muy importante dentro de la sociedad. Ellas se encargan de dar compañía y relajación a los hombres. En Occidente existe algo parecido, pero a quienes realizan este tipo de labores se las llama prostitutas.

¿Cómo saber qué es lo correcto? ¿Cuál de los actos o principios está bien? Debo responder que en ambos casos las situaciones son correctas. Cada uno respeta la cultura donde se encuentra. Es una concepción mental la que defendemos a lo largo de nuestra existencia, nada más. Si en una vida protegimos una nación de los invasores, puede ser que en la siguiente vida estemos en la nación invasora, y en ambos casos nuestros principios mentales se regirán solamente por los preceptos morales y creencias que tenga la cultura heredada.

Son los patrones mentales los que nos traen dolor. En la antigüedad, muchos hombres murieron defendiendo el honor. Hoy, por dicha, son menos los que fallecen por esta creencia, ya que socialmente el concepto de honor no está tan arraigado en la mente humana.

Quisiera añadir que cada cultura se aferra a su marco de creencias y considera como bueno o malo lo que es aceptado o no dentro de ella. Entonces, nos es fácil decir que aquel está obrando mal y que aquel lo hace bien. Detrás de estas equívocas justificaciones se enreda la mente del hombre. Ir y matar en nombre de Jesús, ir e invadir porque la Tierra merece una raza superior, ir a defender el honor del rey porque lo ofendieron, ir a conquistar nuevas tierras porque la Corona quiere riquezas, ir a luchar por hacer grande la nación, ir a defender el honor de la bandera; todas estas fueron creencias con las que muchas almas se involucraron en el pasado y con lo cual lo único que lograron fue generar lazos kármicos con la energía universal. Luego de todas esas luchas, con el paso del tiempo, no se observa nada productivo; esto solo amplificó la vil ambición de algunos y, como siempre, de los que no arriesgaron su vida y enviaron a los ingenuos a alcanzar ese objetivo, convenciéndolos de que hacían lo correcto.

Con esta idea clara me queda decir que, para no hacerse daño a sí mismo o a otra persona, la mejor posición es seguir las indicaciones de Jesús, cuando expone: *"No hagas a nadie lo que no gustas que te hagan a ti"*. De tal modo no se está generando karma ni lastimando a otro ser humano.

Cada cultura crea sus propios preconceptos; lo que para unos está mal, para otros está bien. Lo que para unos es pecado, para los otros es virtud. Sin embargo, pensando en esto, ¿cómo se puede clasificar lo bueno y lo malo? ¿Está Dios dispuesto a juzgar según cada cultura? La única clasificación posible se basaría en el principio de si le estamos generando o no dolor a otra persona. Y respondiendo la segunda pregunta, la respuesta sería *no*.

Por ello, la ley es clara y sabia: *"No hagas a nadie lo que no gustas que te hagan a ti"*, ya que *"con la vara que mides serás medido"*. Esto establece que lo que haces regresa de vuelta.

Sin embargo, cualquiera sea la cultura donde el individuo se encuentre o el credo que profese, hacer siempre el bien dentro de ella es la mejor oportunidad para recibir el bien venidero.

Las creaciones mentales motivadas por los bajos sentimientos como el odio y el rencor, la maldad y la barbarie, desarrollan en estos espacios mentales egrégoras de baja densidad. Estas masas energéticas alimentan y sirven de asilo a espectros y entes demoníacos. Estas entidades son como la cizaña de la humanidad: anidan en las mentes y en los corazones, provocando en el hombre maldad y destrucción. Estos actúan a nivel mental e intoxican la mente de los más inadvertidos, creándoles controversias, de modo que terminen en riñas y disputas. Este es el real propósito de los demonios del plano mental. Al confundir a los seres, creando la desarmonía entre ellos, se generan nuevos odios y resentimientos, lo que los acercará a la oportunidad de encontrar sangre, elemento tan preciado entre estos seres demoníacos.

Los demonios alimentan los bajos sentimientos de los inconscientes seres humanos. A muchos, los dotan de espejismos de éxito para encaminarlos más y más por la puerta ancha, que, con el paso del tiempo, conduce a convertirse en uno de ellos: en espectros de la oscuridad. Esto responde a la pregunta que muchos se hacen de por qué existen tantos seres perversos y tan afortunados.

El hombre, en su sed de poder, no se percata en lo más mínimo de su propia ceguera. El propósito de las criaturas de la oscuridad —que antes fueron ángeles, luego humanos y ahora demonios— es provocar en el hombre riñas y disgustos. Invaden su mente y su corazón, y lo invitan a menudo a la violencia. Esto tiene una clara intención de la que es difícil percatarse, debido a la falta de conocimiento: compromisos con la ley kármica.

Haré un símil con algo que encontremos en la sociedad: es como si el alcalde de una prisión sobornara a algunos presos condenados a cadena perpetua para que inciten a aquellos que tienen la oportunidad de salir pronto a causar disturbios. Cuando esto suceda, los jueces tendrán nuevas razones para condenarlos. Esta trampa le permitirá al alcalde la tenencia por toda la existencia de esos presos que un día pudieron ser libres.

Esto mismo ocurre con nosotros. Todo el tiempo, estamos inmersos en ambientes de tentación. Por ello, en la oración que Jesús nos enseñó se encuentra la frase: *"No me dejes caer en la tentación y líbrame del mal"*.

En este contexto tiene sentido el párrafo del evangelio de San Mateo:

> Habéis aprendido que fue dicho: ojo por ojo y diente por diente. Pero yo os digo que no os resistáis al mal que os quieran hacer; mas, si alguno os golpea en la mejilla derecha, ofrecedle también la izquierda; y si alguno quiere pelear con vosotros para tomar vuestra túnica, dejadle también la capa; si alguno os obligare a marchar mil pasos con él, haced dos mil. Dad al que os pidiere y no rechacéis al que os quiere pedir prestado.
>
> *(Mateo, 5:38-42)*

Los compromisos kármicos, acompañados de la falta de realización personal, son los que nos detienen en la evolución terrestre. Para ambos casos, todo se encuentra controlado, tal como está diseñado el plano mental. Un cerebro que muere con la información recaudada, una masa social presa de necesidades, un elemental gobernando sobre el espíritu divino, el inconsciente colectivo arrollando sobre el buscador, el entretenimiento de las almas tras las vanidades y las vanas glorias, las creencias que anestesian a los espíritus sedientos de libertad y la continua tentación a proceder mal, de modo que se alarguen las condenas. Esto mismo les ocurrió a quienes hoy son los demonios de la oscuridad. Estamos en el lugar donde los ángeles se transforman en demonios. Pero también es el sitio en que los ángeles encarnados pueden encontrar el camino de retorno a su ambiente natural. Por ello, *"pedid y se os dará, buscad y hallaréis, llamad y se os abrirá"* (Mateo 7:7).

Este plano mental es, por decirlo de algún modo, un plano delicado. Es allí donde anidan desde los buenos sentimientos vibratorios hasta las más perversas creaciones mentales. Sus continuos celadores conspiran a menudo, sembrando riña y desazón por doquier. Son estas vibraciones macabras las que motivan al ladrón, al asesino, al suicida, al cruel, al tirano, al avaro, al violento, al envidioso, al odioso y al egoísta, entre otros, seduciéndolos para que realicen malos actos y procedan inadecuadamente. Por eso es muy importante tener el corazón libre de malos sentimientos, liberar el alma de odios y malestares, de tal modo que los demonios no encuentren dónde anidar. El perdón es la vía a un corazón limpio y a una mente pura. La oración es la conexión con esos seres angélicos que siempre quieren ayudarnos. ¿Realmente entendimos el mensaje del Mesías?

Los hombres justos normalmente alcanzan fortuna haciendo buen uso de la energía cósmica. Si quieres riquezas, estas llegarán sin hacerle daño a nadie; basta con dar y la compensación cósmica hará que de nuevo regrese. Esta es la ley kármica, y también es sano usarla de buen modo. Haz el mayor bien posible, porque, por ley, ese bien regresará.

Si quieres éxito y fortuna, proporciónala a los demás; así llegarás a ser afortunado en tus negocios sin necesidad de comprometerte con la oscuridad del averno.

Es muy importante alejarse de la mentira. Nuestra sociedad nos enseña a mentir desde los inicios de nuestra infancia, pero esta es una mala práctica. El Reino de Dios es un mundo de verdades; el de la oscuridad es un mundo de mentiras. Está en ti mismo el sincronizarte con uno o con otro. En la dimensión de la mente, la oscuridad sustenta la mentira, la falsedad y el engaño.

Nunca olvidaré una frase del maestro Reshai, tras un abatido asunto que me dejó desmoronado hace varios años: *"Diga una mentira y encontrará seguidores por doquier; diga una verdad y se verá solo"*.

La energía de la mentira es una masa egregórica donde anidan infinidad de entidades demoníacas en la dimensión mental. Estas encubren al mentiroso, haciéndolo partícipe de su mundo de engaño.

Alguna ley especial devela las verdades con el tiempo, aún cuando es demasiado tarde. Bueno, hoy conocemos grandes mentiras develadas, las mismas que llevaron a muchos hombres al error y que en la actualidad son disimuladas tras una absurda disculpa.

Los necios se sienten victoriosos cuando engañan, se sienten fuertes y astutos, y creen con ello ser *inteligentes*. Sin saber en lo que se involucran, ratifican su actitud de necios. La astucia trae resultados benéficos al instante; la inteligencia y la sabiduría los traen a largo plazo. Toda mentira es descubierta con el paso de los años; la verdad, por lo general, tarda en notarse, pero es perdurable. La mentira exige el continuo sostenimiento defensivo de las palabras, no así la verdad.

El que miente, acarrea mentiras para su futuro. Todo va y vuelve.

Muchas almas se aprisionan por este sencillo error. Jesús decía: *"La verdad os hará libres"*.

LOS PLANOS DE LA *LUZ*

Es muy difícil describir o hacer una referencia clara sobre estas dimensiones donde se halla la presencia viviente de la *luz de Dios*. Para poder integrar una idea se hace necesario apelar a la imaginación que cada ser posea; solo de este modo será comprensible todo cuanto exprese.

Este es un reino donde la luz es color, el color es sonido y el sonido es color. Todo vibra, fluye y refluye en una armonía constante. Dentro de estos planos existen, a su vez, más y más estados dimensionales. El más puro al cual se me permitió el acceso es un reino blanco, luminoso, donde todo es resplandor.

Las experiencias allí representan una vivencia especial y son muy variadas. No existe una constante en relación a lo que se puede ver, sentir, oír o descubrir en esos reinos. Lo que sí puede notarse con claridad es que siempre existen seres luminosos que guían y enseñan al visitante dentro de esos planos. Es un reino de verdades y claridades; el corazón no puede ocultar un sentimiento o un pensamiento, porque a través de ellos se conecta con otros seres. Todo es transparencia y amor. No existen las barreras del tiempo ni del espacio. Con solamente desearlo, un ángel ya está en ese algo, en ese lugar o en ese espacio, por cercano o lejano que sea. No existe hambre, necesidades, preocupaciones, ambiciones, daños, maldad, competencia, deudas, compromisos, envidias, resentimientos, dolor, discrepancia, inconformidad o cualquiera de las sensaciones que normalmente nos acompañan en la vida material. Solo existe una profunda paz y un deseo de permanecer allí por toda la existencia.

Quienes por alguna causa han alcanzado estos planos concuerdan conmigo en que la peor experiencia se vive cuando estamos de regreso. El cambio es abrupto y el volver a sentir las prisas de la mente, el gobierno de las preocupaciones y los afanes de la vida cotidiana, el reloj, las distancias, son cosas que generan un agobio al que obligadamente se retorna.

Los reinos de la *luz* son más extensos de lo que puedo imaginar. Yo, en mi calidad de visitante, solo puedo describir lo que he podido experimentar, pero sé con certeza que existen más lugares y más excelsos, donde aún no soy digno de entrar. Jesús describe el Reino de los Cielos como un paraíso y, en efecto, ese es un gran paraíso divino.

Esa es la casa natural de nuestro ser espiritual, el ángel que somos, y el ambiente que le pertenece en el universo. De allí provenimos, es nuestro origen, y por eso internamente tenemos una búsqueda que no es más que el retorno a un reino divino.

Jesús, en sus enseñanzas sagradas, lo llama *"la casa de mi Padre"*, y así es: es la casa de nuestro Padre celestial y la invitación de regreso que hemos tenido en cada una de las encarnaciones vividas. Sin embargo, esta parece encontrarse lejos de nuestro alcance, ya que todo el sistema conspira para llevar a las almas a desmayar ante el sagrado propósito.

No podría, aunque lo deseo, describir más cosas sin que caiga en el ilusionismo o que alguno considere que me he fumado algo, o que simplemente piense que me desquicié. Lo cierto es que no hay nada que pueda permitirme hacer una aproximación a esas maravillosas experiencias.

Lo cierto de todo esto es que ese es el reino que identifica a nuestro ser superior, del cual ahora sabemos que se encuentra formado por tres energías complementarias: espíritu, alma y mente superior.

Alguien, en alguno de mis cursos, me preguntó por qué no podemos tener una idea de todo esto en nuestro interior.

Cuando le expliqué mucho de lo que aquí he expuesto, quedó convencido de que algo muy enorme nos limita el paso a esa sagrada realidad de nuestra existencia divina.

El elemental nos tiene tan abstraídos en este mundo, tan sumidos en el plano de la forma, que resulta muy difícil acercarse a la contemplación de esa maravilla que somos. De hecho, es claro para todos que cuando queremos o deseamos un encuentro con esa esencia divina de nuestro interior, el cual somos nosotros mismos, la mente entra en un proceso de sabotaje extremo y agresivo para no permitir el sagrado contacto con nuestra propia naturaleza celestial. El camino al autorreconocimiento está sembrado de espinas, que son colocadas por el inconsciente colectivo y nuestro propio ser elemental.

Nuestro papel para concebir este ángel que somos radica en educar los vehículos inferiores para acceder a la majestuosidad de nuestro ser espiritual. Una obra que enseña el camino a este propósito es el *Libro 4*, del maestro Therión o Aleister Crowley.

La desconexión *mente-espíritu* es provocada por nuestra naturaleza elemental y es amparada por demonios tanto encarnados como etéricos. El nefasto propósito del carcelero, ya lo he expresado anteriormente: preparar a este ángel para la oscuridad, encerrarlo en compromisos para que naufrague en la vaguedad del mundo.

El que desee su propio retorno debe empezar por autodisciplinarse; luego, buscar, indagar, escudriñar y aprender, sobre todo de lo que halle en el medio, como textos, figuras, escritos, mitos y más, que se encuentran en las manos de la sociedad, pero que, a la vez, son velados para aquel que peca de incauto y puede hacer mal uso de lo que aprende.

El camino siempre ha existido; nunca ha desaparecido, aunque así se haya deseado. Quienes lo encuentran, de continuo escriben, enseñan, dibujan, forman grupos de enseñanza y guía para que los demás, los interesados en su propio rescate, comiencen el sendero que lleva a la *Casa del Padre* nuevamente. Ese es todo el propósito que debe conservar una religión.

El título de este capítulo —y en parte de la obra— es "La destrucción de demonios". Ahora, debo exponer por qué se titula de este modo.

Los demonios no son más que antiguos seres humanos, que antes de serlo fueron ángeles. Estos sirven a la oscuridad, con el propósito de conducir a esos ángeles encarnados al desfiladero. Estos saben que, con el paso del tiempo y las múltiples reencarnaciones, la *luz* y la conexión con ella se van perdiendo en medio de la más profunda inconsciencia. Los demonios anidan en las mentes y los corazones de cada ser cuando en estos existen sentimientos que les permiten una conexión con el individuo. A eso que llamamos *bajas emociones* es aquello que es necesario erradicar del ser, de modo que, eliminando traumas, dolores, odios, resentimientos, egoísmo y más, se pueda desconectar toda criatura demoníaca que anide en el interior y que haya tenido sincronía con la energía del mental básico o elemental que cada quien posee.

Para destruir los demonios externos es necesario primero destruir los internos. Un verdadero exorcista lo es cuando en principio se exorciza a sí mismo internamente, liberando sus miedos; luego, lo hace externamente, obligando a la obediencia a estos seres que antes fueron divinos.

Los demonios se presentan en formas horrendas, lo cual es, en realidad, un artificio natural para causar terror y tormento en los seres humanos. Ellos saben que el miedo es una herramienta vital que inhibe a otras criaturas y que, además, les brinda la valiosa oportunidad de absorber energía nerviosa.

Una posesión no es más que la voluntad de una de esas criaturas de querer repetir su historia personal. Ellas intentan regresar a este plano, infiltrándose en seres encarnados débiles, de poca energía nerviosa, y que normalmente están llenos de bajas emociones.

En este capítulo, he podido explicar la naturaleza divina, la elemental y la demoníaca. Es importante, en lo venidero, tomar en cuenta todas las vías, herramientas y consideraciones que nos permitirán entender cómo se puede operar sobre estas formas energéticas y conscientes del universo.

La más vital de las consideraciones está en tratar de existir en este reino material como si ya lo hiciéramos en el reino espiritual. Esto denota que se deben abandonar las mentiras, los engaños, los egoísmos, los apegos, los odios y todo aquello que no sea sano para el ángel espiritual que cada uno es. De ese modo se alcanza una sincronía con *los seres divinos*, los cuales nos enseñan a transitar el sendero y nos dan la fortaleza, la ayuda, la sabiduría y la *luz* con la que se logra destruir la intrépida acción de los demonios.

La ayuda de las jerarquías de la luz

Para comprender esta ayuda, debo comenzar por explicar que en nosotros existe una naturaleza suprema que se relaciona con la forma en que estos seres divinos son en esencia. Esta es la dimensión de la mente superior, el espíritu y el alma.

Las grandes intuiciones, las videncias, las premoniciones, las interpretaciones exactas de los medios mánticos, los inventos, los descubrimientos, los grandes pensamientos, las sabias filosofías, la verdad, las virtudes, el bien, el amor universal y más se deben a la perfecta comunicación de esta energía superior en la mente elemental o racional. Todos estos son principios de ese plano de la *luz* donde se desenvuelve la divinidad, la *sabiduría divina*.

Nuestro *yo* superior tiene esos *sentimientos divinos*. Ama con la armonía del universo, donde toda criatura es libre y pertenece al Reino de Dios. Se expresa con el mensaje que nos dio Jesús: *"Amaos los unos a los otros"*; *"Ama a tu prójimo como a ti mismo"*. La *Casa de Dios* es el reino de la *luz*, donde moran los seres más perfectos de la Creación: ángeles, arcángeles, iniciados, maestros…; en fin, los *seres de luz*.

Nos enseñaron a imaginar este reino de modo hipotético, donde existe un cielo arriba y un infierno abajo. Sin embargo, los distintos planos no se encuentran ni arriba, ni abajo; vibran en el mismo espacio, en todo el universo; por decirlo de algún modo, en diferentes frecuencias vibratorias. Esto es algo que quizá para nuestra mente sea difícil de concebir, pero un ejemplo bastará para darnos una buena idea sobre ello: cuando la televisión está encendida y, de paso, una bombilla eléctrica, en el mismo espacio viajan los haces de luz de ambas, aunque estas presenten sus emanaciones en distintas frecuencias. Allí también deambulan las ondas del teléfono celular, del radio y del control remoto, entre otras muchas. Nada de esto vemos, pero existen en diferentes estados vibratorios.

Aclarando este concepto, diremos que Dios no está ni arriba, ni abajo, ni a la derecha, ni a la izquierda; es *omnipresente*, está en todo lo existente. Es el *Todo*, el *Señor de la Creación*.

Los planos de la *luz* son el *Reino de Dios*, el mismo que Jesús anunció. Él nos mostró que existe un camino para alcanzar el gozo inefable de *palparse infinito*, como lo expresa Huiracocha.

Las *jerarquías de la luz* continuamente envían seres iluminados que orientan en el sendero a los caminantes del divino propósito. Todo aquel que es enviado desde los planos sutiles trae, por consiguiente, una labor, un mensaje, una misión: la de enseñar al hombre el camino de retorno. Otros seres divinos trabajan al servicio de la humanidad, brindando sanación y bienestar. Muchos misioneros cumplen otras labores específicas. Pero no solo de este modo nos llega la ayuda sagrada; también hay mensajeros entre los ángeles, quienes se manifiestan en los sueños y en vigilia, brindando grandes revelaciones intuitivas en la mente de los justos. Todo un equipo de amor y ayuda para aquel que desee regresar a la morada celestial donde pertenece.

Los gurúes o maestros auxiliadores también laboran, protegiendo el camino de los buscadores y de los misioneros. Conocemos el caso de Jesús, quien fue amparado por Moisés y Elías, según narran los Sagrados Evangelios. Una misión no se cumple sin el amparo de un gurú o un grupo de gurúes; sin ellos, la oscuridad cae sobre el trabajador sincero y, en tales casos, la protección debe ser prominente.

La ayuda es abundante, aunque no se perciba conscientemente. Por el amor a nosotros y el deseo de servicio al Padre Celestial, los *seres de luz* acuden al llamado del buscador sincero cuando este decide iniciar su propio peregrinaje. Pero hay algo muy importante que resaltar aquí: *los seres de luz* respetan el libre albedrío. Si no se les pide, ellos no pueden actuar en la voluntad de alguien. Por tal razón, son muy importantes las palabras de Jesús: *"Pide y se os dará, toca y se os abrirá"*. La forma en que podemos pedir o solicitar esta ayuda sagrada es mediante la oración. Orando de manera sincera, sin vanas repeticiones, podemos hacer un llamado de ayuda a nuestros hermanos universales para que nos brinden su apoyo en el sendero y en el tránsito de la vida. Esta petición abre nuestra voluntad, de modo que no se violenta nuestro libre albedrío y así estos seres sagrados pueden actuar. Es como un código de permisos.

En los estudios herméticos y en el Aula Rosacruz, específicamente, llamamos a estos seres la *cadena jerárquica*, las *jerarquías espirituales de la luz* o las *excelsas jerarquías espirituales*.

Para continuar dando una idea sobre este reino, simplemente diré que es el mundo de la libertad, de la libre manifestación, de la vida eterna, de la *luz* hecha conciencia, de la creación. Es el *Todo* y la nada a la vez. A este obedecen soles y sistemas, constelaciones y galaxias; todo el universo fluye en armonía gracias a la cadena *jerárquica*, donde se experimenta la verdadera felicidad, en alas de la eternidad. De algún modo, así lo expresa el cántico adaptado a la *Novena Sinfonía*, de Beethoven: *"Si es que no encuentras alegría en esta Tierra, búscala, hermano, más allá de las estrellas"*.

En el reino de la *luz* anidan las más excelsas virtudes de amor, paz, armonía, libertad, amparo, compañerismo, lealtad, verdad, servicio, compasión, sabiduría y toda otra dignidad que no haya contemplado aquí. Cualquier cosa que exprese no alcanzará a describir en suma el maravilloso reino iluminado de la *luz*.

De allí venimos, es nuestra procedencia. Pero "un velo sobre nuestros ojos impide verlo". Así versa nuestro ritual Rosacruz.

Desde la morada celestial, grandes maestros e iniciados, ángeles y más, de continuo guían la mano de médicos y cirujanos, atienden enfermos, sanan heridos, orientan y enseñan a los que aquí laboramos por alcanzar la gloria, instruyen en los distintos planos, salvan vidas, mantienen el sistema, acuden a rituales y ceremonias sagradas para traer luz a los que la solicitan, inspiran a los servidores, ayudan a los más necesitados, apoyan, amparan, bendicen y más, todo esto para quien lo pide de corazón. Es toda una labor de servicio y amor. Jesús les dice a sus discípulos: *"El mayor entre vosotros será el servidor"*, indicando, de tal modo, que así se procede en el Reino de los Cielos.

La oración, como dije antes, es una fuente incomparable de comunicación con ese mundo divino que es la *Casa de Dios*. Pero ora desde tu interior, y tal como Jesús lo expresó: *"Y no hagáis como los hipócritas, que gustan de orar en las sinagogas y en las esquinas de las plazas para ser vistos de los hombres"*.

A esta altura de la obra, he podido describir con claridad que tenemos una naturaleza múltiple en la conformación de nuestro ser; que esa naturaleza se expresa en esos ambientes que se han desarrollado para cada uno de los distintos vehículos; que conocemos un poco lo que vemos y desconocemos lo que no vemos; que somos más profundos de lo que imaginamos, pertenecemos a un reino superior y estamos en uno inferior por alguna causa. Ya he descrito el propósito de esa causa, y no estamos solos ante ella, gracias al servicio y ayuda de las *jerarquías espirituales*. Se nos muestran dos caminos: uno de ellos se emprende voluntariosamente para retornar a Dios; el otro nos conduce forzosamente por el sendero de la vida, encarnación tras encarnación. Es nuestra elección decidir hacia dónde queremos caminar.

Este libro tiene un propósito especial, el cual he venido cumpliendo. Por ello, me dedicaré ahora a tratar el tema de los demonios. Esta obra habrá cumplido su objetivo si, al momento de estudiar los Evangelios, puede entenderse claramente la labor misionera de Jesús y su sagrado mensaje. Al que gusta de ir más allá, lo invito a analizar tales Evangelios con ojos de alquimista.

Para comenzar el siguiente capítulo, retomaré el tema de los elementales. Describiré la acción de los buenos y de los malos, de modo que pueda saberse acerca de su naturaleza conductual. Esto nos permitirá conocer nuestro vehículo de manifestación en el plano físico y lo que heredamos al adquirir esta carne. Me dedicaré, en lo sucesivo, a tratar sobre el mundo elemental.

El plano elemental

En un principio, expliqué que los elementales se originan a partir de cuatro reinos, que son el fuego, el agua, el aire y la tierra.

El fuego dio origen a las demás creaciones elementales; es el gran pionero en el mundo de la forma. Este elemento es un constante transformador y es quien anima con su energía este mundo material.

En el reino elemental primario no existe género sexual, o sea, ni macho, ni hembra; ni mujer, ni hombre; ni masculino, ni femenino.

Cada uno de estos reinos es gobernado por una cadena jerárquica. Sus grandes jefes son los reyes y príncipes elementales.

Del reino del fuego son las salamandras. Aunque suene descabellado para algunos, debo decir que son seres que se asemejan a una llamita ardiente, muy bonitos y luminosos en aspecto y vibración.

Del reino del agua son las ondinas. Son criaturas preciosas; engalanan las aguas y su actitud es dulce y servicial.

Del reino del aire son los silfos, seres que parecen pequeñas haditas, muy lindas, luminosas, sonrientes, amables y cordiales. En ocasiones, se presentan con alitas totalmente resplandecientes, como las de un colibrí. Podemos entender que los cuentos de hadas no son invenciones, sino narraciones descriptivas de otro mundo paralelo al nuestro.

Del reino de la tierra son los gnomos, seres laboriosos que, a menudo, son confundidos con duendes. Tienen el aspecto de hombrecitos pequeños, con las más variadas formas.

Estos fueron los primeros pobladores del planeta, en un mundo donde todo seguía el curso tranquilo de la creación.

Los reinos del agua, del aire y de la tierra presentan una variación especial, que no debe confundirse con sus elementales. Me refiero a las sirenas, hadas y duendes, que tienen cierta similitud con sus primos elementales, pero con grandes diferencias.

Ellos son como un punto intermedio entre elementales y ángeles. Tienen conciencia y se organizan en reinos especiales.

Las sirenas son seres tan hermosos como las hadas y se relacionan con el elemento agua.

Las hadas son increíblemente bellas. Cuando se está en su reino, no se desea regresar a nuestro plano. Ese es el lugar donde siempre deseo estar. Me llama mucho la atención que algunas se parecen a nuestras mujeres. Aun así, no conozco una dama que iguale su increíble belleza. En ocasiones, he llegado a creer que nuestra evolución tiene algo de este reino, dada la similitud que antes he expresado. Estos seres están emparentados con el elemento aire.

Los duendes son otra cosa. Son como hombrecitos de mediano tamaño, normalmente burlones, en especial con las cosas materiales. Se aparecen mucho en los campos y usan ropas muy similares a las nuestras. A veces, suelen hacer bromas muy pesadas: esconden cosas, hacen aparecer caminos y luego los desaparecen, tiran piedras, lanzan artículos y más. Algunos de ellos evidencian algo de egoísmo e intransigencia. Sin embargo, hemos escuchado lindas historias sobre las ocasiones en que se aparecen ante los niños para jugar con ellos. Esto es muy común, dado que son naturalmente amigables con los infantes y gustan de cuidarlos. Por desgracia, nuestros psicólogos los llaman *amiguitos imaginarios*. Yo debo decir que son los psicólogos quienes los imaginan. Los niños realmente los ven, les hablan y hasta comparten con ellos.

Muchas de las actitudes de los duendes pueden encontrarse en los seres humanos.

En ninguna parte de la obra he explicado con claridad nuestro origen; solo sé que somos ángeles del universo divino de Dios y que estamos aquí, compartiendo con la evolución elemental y animal del planeta. Pero me inquietan demasiado las semejanzas que existen entre el comportamiento de estas criaturas y nuestra conducta. En ocasiones, pienso que nuestro elemental no es tan básico y que en algo están involucradas también las hadas. Pero esto no es una confirmación, es simplemente una sospecha.

Antes, expresé que, debido a convenios elementales, surge la vida en la dimensión material; es decir, la vida elemental que existe en los planos sutiles decide tomar forma en la materia, aunque aquí, en este plano, no sea perenne.

Parece ser que la vida material en la Tierra se inició con los microorganismos, los seres vivos más pequeños o microbios —vida microscópica—. Existen nuevas teorías que exponen que esta vida llegó al planeta proveniente del universo, tras la caída de meteoritos. De estos nuevos reinos bioelementales surge la célula vegetal, y mucho más tarde, la animal. Los seres unicelulares se agruparon en colonias de células, formando los tejidos celulares que dieron origen a las millones de especies que han habitado y habitan el mundo, todos ellos con un ánima elemental. La célula ha sido el mayor invento viviente en la Tierra, la mayor creación, de la cual no sabría decir si fue un logro de los reinos elementales, demoníacos o divinos. Hay quienes aseveran que hubo intervención en ello de culturas extraterrestres. Pudo ser de tal modo; sin embargo, pienso que se están dejando de lado los alcances del mundo elemental.

A la fecha, el plano astral está poblado de infinidad de criaturas elementales que antes no existían. Se crearon gracias a la acción del prana sobre estas formas materiales. Entre ellas se encuentran especies microbióticas, vegetales, animales y la especie humana.

Al cabo de millones de años de evolución, muchas criaturas se han asociado en colonias elementales, de acuerdo con su especie. Así, podré decir que existe una colonia grupal de elementales de caballos, otra de cerdos, girasoles, pinos, bacterias y más.

Es mucho lo que se puede narrar acerca de estos reinos, pero ahora es necesario hacer una importante división, ya que los elementales se subdividen, por sus actitudes, en buenos y malos.

Los buenos elementales

Es simple descubrir en la naturaleza cuáles son los buenos y cuáles no lo son. Los buenos elementales son aquellos que decidieron respetar las leyes del Creador. Los malos son aquellos que desearon hacer su propia ley.

Todos los elementales presentes en el mundo de la materia padecen hambre. Para poder subsistir, son esclavos del alimento. El punto que los diferencia radica en cómo suplen esa necesidad. De allí surgen la bondad y la maldad entre los distintos seres. De esta forma, podemos clasificarlos entre los que respetan la vida y los que no lo hacen.

El reino vegetal siempre es y ha sido un reino de subsistencia. Es increíble el amor con que estas criaturas fabrican alimento para simplemente donarlo. Los animales herbívoros son los que respetan la vida, ya que no depredan a otras criaturas para alimentarse.

Seres como los caballos, las cabras, los conejos, los corderos, las liebres, las cebras, los elefantes, los venados, las jirafas, los cerdos, los caribúes y otras especies de similar comportamiento pueden catalogarse como elementales buenos. Estas respetan el derecho a la vida y, de paso, el libre albedrío, la oportunidad de existir.

Muchos de estos elementales han sido divinizados por diferentes culturas, y esto se debe a su nobleza. Muy importantes fueron el conejo para los nórdicos, el cordero para los patriarcas hebraicos, la vaca para los hindúes; de seguro que hubo más en otras civilizaciones.

Todo ente animal o vegetal que cumple con el principio de armonía, sin destruir a otros, es un buen elemental.

Existen muchos elementales nobles, encarnados y no encarnados. Para citar algunos: el oro, la plata, el estaño, el zinc, el cobre, el mercurio, la esmeralda, la ágata, el diamante, el ojo de tigre —piedra—, la pirita, el lapislázuli, el cuarzo, la amatista, el coco, el anís, la hierbabuena, el olivo, la sábila, el ajo, el limón, la sal, la canela, la pimienta blanca, el girasol, la albahaca, la artemisa, la verbena, las plantas que dan flor, las que dan fruto no tóxico, las hortalizas, las abejas, las avispas, las libélulas, las mariposas, los abejones, las buenas hormigas, los colibríes y podría citar más, pero cada uno puede hacer sus observaciones al respecto.

Las abejas, hormigas y avispas no son agresivas realmente; solo poseen un sistema de defensa y no de ataque, que utilizan cuando se sienten amenazadas. Cuando se está ante la presencia de alguno de estos insectos, lo mejor es no perturbarlos. Si no encuentran algo agradable para comer, se marcharán.

Más adelante, al final de la obra y a manera de apéndice, trataré el tema de las ayudas elementales; esto como una contribución a los escasos tratados de magia blanca, y con el propósito de que pueda servir para contrarrestar los daños hechos por la maldad elemental y la perversidad de algunos humanos.

La mayoría de los buenos elementales poseen virtudes curativas, y estos son usados por biólogos, herbolarios, homeópatas y terapeutas, con el ánimo de restablecer la salud perdida.

Existe una variedad muy especial entre los elementales; me refiero a los psicotrópicos. Estos fueron y son venerados por culturas ancestrales de todo el planeta, gracias a la particularidad que poseen de presentar cambios en la psiquis humana. Por medio de ellos se conduce al ser a diferentes estados de conciencia.

Los antiguos sacerdotes aztecas encontraron esto en el peyote. Esta planta tiene la virtud de comunicar al ser con la conciencia divina. Este elemental perturba la coordinación nerviosa de tal modo que anula la actividad mental del elemental y, gracias a ello, el espíritu se libera hacia los planos astrales y sutiles. De esto tratan muchas de las enseñanzas de Castaneda.

Los incas encontraron iguales efectos en la hoja de coca, la misma que, usada de modo curativo, posee propiedades y virtudes maravillosas. Este elemental —como el de la marihuana—, cuando es sometido al elemento fuego presenta variaciones perjudiciales para la salud física y mental del individuo. Sin embargo, al ser tratado de modo especial, como lo hicieron los aborígenes americanos, entrega lo mejor de sí.

En el caso de los indígenas del Amazonas, la raíz del yajé presenta las mismas características psicotrópicas.

Es un poco delicado el uso de estos elementales, ya que no todas las personas están en condiciones adecuadas para desplazarse en otras dimensiones. Cuando se albergan malos sentimientos, se cultivan también demonios que anidan en esas emociones. Una persona que entra en esos estados de conciencia, obligadamente se encontrará con esas actitudes y, en ocasiones, verá monstruos o demonios, que no son más que los que trae consigo o se sincronizan con sus actitudes. Las experiencias que vivencia cada individuo dependen del estado vibratorio de sus acciones. Por ejemplo: los envidiosos estarán relacionados con las egrégoras de la envidia y, por consiguiente, irán a encontrarse con entidades de ese plano. Así, los asesinos, los perversos y otros forman clanes energéticos que los enlazan en el universo mental.

Esto para muchos conlleva un choque interno, que, si bien los puede llevar a regenerarse, también los puede conducir a terribles traumas de autorreconocimiento.

Existen otros elementales psicotrópicos que no son tan recomendados, debido a que conducen a la adicción; tal es el caso del alcohol y la marihuana, entre otros, que llevan al consumidor a diferentes estados degenerativos.

Antes, expuse que la marihuana, al igual que la coca y otros elementales, si no son tratados con fuego, entregan virtudes maravillosas. La marihuana, en particular, es una planta que cura la artritis y el reumatismo. Mi abuela la utilizaba reposada en una botella de alcohol. Todos los días la frotaba sobre sus piernas y logró calmar los dolores que le producía su enfermedad. Quemada, solo enfurece a su elemental y lleva a sus víctimas a profundos estados de adicción y dependencia. Uno de sus efectos es conectar a quien la consume con entidades del bajo astral, que son planos degradantes, donde anidan criaturas perversas.

El conocimiento que tenemos del mundo elemental es demasiado escaso y no ha sido abordado de la manera correcta; solo se sabe que la ciencia ha encontrado grandes resultados en el uso y manipulación de las características materiales del elemento. Quizá más adelante, cuando descubra las propiedades del reino elemental, tenga mejores herramientas en el trato de enfermedades y otros usos.

Los chamanes y médicos indígenas conocieron tales virtudes, y con ello lograron profundas sanaciones, que son misteriosas e inexplicables para el hombre de ciencia. Los homeópatas y los herbolarios también se valen de ellos para ayudar a sus pacientes.

Muchas de las recetas para la buena suerte dependen de estos buenos elementales, y es que la buena suerte no es más que la buena vibración brindada por ellos.

Algunos nos prestan servicios de protección ante la mala voluntad de elementales que son perjudiciales; otros favorecen las buenas relaciones sociales y comerciales; otros, la atracción entre las personas, ya que poseen aromas y facultades que tienen la virtud de activar la producción de feromonas, hormonas que, según la ciencia, promueven la atracción química entre los individuos.

Los talismanes y amuletos se crean con elementales que cumplen una función específica. Normalmente, son fabricados a partir de la potencia vibratoria de algún metal, aunque se hacen también con estrellas de mar y otros tipos de elementales. Los amuletos, por lo general, llevan la firma de algún ángel o príncipe elemental para buscar su protección y ayuda. Ejemplo de esto son el anillo de Salomón, el Arca de la Alianza, el dragón rojo de Moisés y las doce piedras para el pectoral propuestas en el éxodo bíblico.[6]

Las características vibratorias de los elementales se deben a la asociación o particular conexión que presentan con algunas energías planetarias y angélicas. Estas atribuciones han sido conocidas por los magos blancos. Por esta causa, muchos de los talismanes van acompañados por firmas angélicas, letras sagradas como las runas y el alfabeto hebraico. El trato y el conocimiento de los elementales son más especiales de lo que podamos imaginar.

Es importante investigar las propiedades que tienen los buenos elementales, tal como lo hicieron nuestros abuelos, que utilizaron y nos heredaron sus conocimientos sobre medicina natural. Por muchas razones, las criaturas de este reino se ocultan de nuestra vista, pero una vez que el corazón se ennoblece y se abren los canales de la conciencia espiritual se puede tener acceso a ese mundo maravilloso, habitado por criaturas sorprendentes.

---

6   Éxodo, 39:9.

Los malos elementales

En el reino vegetal son pocas las anomalías que pueden encontrarse. Si bien los elementales del elemento tierra son apegados y territoriales, su naturaleza generosa los hace siempre ser productivos para otras especies.

Estudiando la ingeniería celular se puede analizar que la célula vegetal toma el oxígeno y la luz del aire, el agua y los nutrientes de la tierra, y los convierte en algo productivo: hojas, tallos y frutos. También transforma el CO_2 gracias a la fotosíntesis, liberando el oxígeno, de modo que podamos respirarlo.

La célula animal toma lo que necesita de la naturaleza y lo convierte en algo improductivo. Aún así, las plantas saben aprovechar ese desecho como abono y procesan el gas carbónico.

Llamemos *célula perfecta* a la célula vegetal, que no depreda y más bien construye; la imperfecta es la animal, aunque esta última aventaje a la primera.

La nota inarmónica dentro de la naturaleza se encuentra entre los insectos y los animales. El hambre y la sed por la sangre los convirtió en desgarradores asesinos. Algo hubo de ocurrir en la historia elemental que causara tal desenfreno entre las distintas criaturas. La mayoría de las especies están destinadas a morir de forma violenta. Todos los animales e insectos que conocemos tienen quien los depreden, arrebatándoles la oportunidad de vivir. De ello surge el instinto de conservación, que son todas las habilidades que poseen para sobrevivir. Pero, a pesar de todo eso, ni en la tierra, ni en el aire, ni en el mar, ninguno de ellos tiene una vida tranquila.

La depredación se da a todo nivel: desde un virus invasor hasta la más gigantesca criatura. Siempre hay elementales con el propósito de destruir a otros. El hombre simplemente encajó en esa guerra salvaje y se convirtió en el mayor depredador de todos.

Al remontarnos en la historia, podríamos tratar de comprender cuál sería el propósito de crear esas bestias gigantes, como lo fueron los dinosaurios, la mayoría de ellas con fines macabros. En realidad, hace mucho que existe una guerra elemental.

Hay muchos demonios que desean sangre. Los sacrificios de elementales nobles o de infantes que hicieron los pueblos antiguos se deben precisamente a ese factor. Antes de acarrear disputas entre su pueblo, los sacerdotes ofrecían la sangre de algún inocente a los demonios que provocaban riñas. El propósito de esa selección era que tales demonios saciaran su sed de sangre, pero sin poder acceder a ella, por tratarse de un ser sin culpa. Así, los antiguos sabios evitaron las disociaciones entre sus dirigidos, alejando de ellos los demonios que venían en busca de sangre. Jesús hizo algo más grande: su autosacrificio, la inmolación de la sangre del Cordero de Dios liberó nuestra energía de un profundo compromiso elemental.

La sangre, al descomponerse, forma en el plano etérico una cantidad de larvas energéticas.

Al inicio de la creación no existía la sangre. Con cada criatura que se forma se tiene nueva sangre, nuevas posibilidades de crear larvas.

Es algo impactante que en la ingeniería de las bestias solo pusieran el menú de sangre y carne. Muchas criaturas salvajes tienen la oportunidad de comer alguna fruta o algún tubérculo, pero no lo hacen, porque su apetito no obedece más que a la carne de otras criaturas. También es algo extraño que las bestias no se deseen entre sí, como que un león quiera comerse un lobo; solo depredan a los animales nobles, a los indefensos. Es también curioso que los humanos, que depredan masivamente, no tengan apetito por las fieras. Es un asunto de víctimas y victimarios. Esto existe desde hace millones de años, aquí en el planeta Tierra.

Desde hace mucho, los malos elementales se divorciaron del principio noble y original del planeta, pero no es sino hasta la aparición del hombre que la maldad se torna aún más profunda.

Existe un tipo de maldad que, por causa del desconocimiento, no es combatida debidamente; solo unos pocos saben cómo detenerla. Me refiero al mal uso que se hace de las criaturas elementales.

El amor es ese sentimiento universal que mueve al Padre de todo lo existente a crear las divinidades del universo. El *odio* es la antítesis del amor; es un sentimiento vil y malevo, que anida en muchas almas e invita a la oscuridad a realizar el mal por doquier.

Los malos sentimientos como el odio, la ambición y la venganza, entre otros, abren puertas a los demonios para convertir a los seres carentes de amor en una herramienta manipulable del mal, un títere de la oscuridad, perpetuando así la maldad en ellos.

Las emociones descontroladas y la lejanía espiritual de sí mismos conducen a muchos por el molino de la ignorancia.

El arribo a la morada divina se consigue depurando el *ser*, alcanzando dignamente los misterios de la *luz*, llave desencadenante de esta existencia material. Los malos sentimientos son grilletes que encadenan más y más a las almas de muchos ingenuos, que piensan que obligando a la naturaleza tendrán lo que desean.

El camino ancho se encuentra al paso de todo individuo, tentándolo de día y de noche para encadenarlo a una existencia de dolor: la vida humana, y aún más, a una existencia tormentosa, que es la oscuridad.

Con gran sutileza se esclavizan las almas, y los malos sentimientos son una puerta para ello.

Brujos y hechiceros, por unos cuantos pesos, se prestan a complacer los malos sentimientos de algunos y hacen uso de los malos elementales para dañar a muchas personas.

De esta manera, sus clientes, los insensatos e incautos, los frustrados por alguna razón, amparados bajo ese: *"Yo no lo hice, le pagué a...*", pactan con esos hijos de las tinieblas y desencadenan fuerzas muy tenebrosas y desconocidas para ellos. Si conociesen el resultado final de tal acto, se flagelarían en vida por tan alta estupidez.

Mi obra es de bien y trata precisamente sobre cómo destruir los demonios. En mi servicio a la *luz*, trabajo para la Gran Logia Blanca, y en este libro haré mi contribución para combatir el mal. Para aquellos que por alguna causa sean víctimas de la mala voluntad de sus verdugos, los invito a leer el apéndice de esta obra, donde encontrarán los métodos prácticos para desencadenarse de cualquier energía perturbadora. Estos conocimientos, dados por mis jefes, me han permitido cuidarme y ayudar a muchos a restablecerse energéticamente y liberarse de las malas intenciones ajenas.

El mal no es más que una actitud rebelde de algunos entes hacia quien todo lo ha creado. El bien es la suprema fuerza que habita todo el universo y ante lo que se rinde todo mal propósito. El *bien* es el sentir de Dios, el *Todopoderoso*.

Jesús nos enseñó que la *luz divina* logra maravillas en la energía elemental. Hechos como la multiplicación de los panes, la conversión del agua en vino, los incontables milagros y la resurrección de muertos, entre otros, son una confirmación de que todo tiene un orden que obedece al principio divino que les dio vida. Nos enseñó, además, que es posible alcanzar la normalidad, cuando echó fuera demonios y los hizo obedecer. Porque la *luz* de Dios es el principio armónico del Padre Creador; es el Señor de todo lo existente y cada uno de nosotros es una parte de Él.

Una vez comprendido este capítulo relacionado con la existencia de los buenos y los malos elementales, continuaré con mi labor acerca de la destrucción de demonios. Orientaré ahora el tema hacia los ataques psíquicos.

Los ataques psíquicos

Ahora que conocemos sobre la naturaleza de nuestro ser con sus dos *yo* y de la existencia de los reinos elementales, me dedicaré a relatarles acerca de esas fuerzas invisibles que afectan positiva y negativamente el universo mental del ser humano.

Se sabe que, en la dimensión física, nuestro cuerpo material es perturbado por agentes como virus, microbios, gérmenes y bacterias, y que estos son los causantes de muchas enfermedades. También los otros vehículos, como el vital, el astral, el mental y la luz espiritual, son acechados por fuerzas invisibles y desconocidas para el hombre actual. Todo esto repercute en la salud anímica, vital, mental y física del individuo.

En ese universo etérico que no vemos divaga gran diversidad de criaturas. Si lográramos verlas, estaríamos acompañando a los perturbados que encierran en los hospitales de sanación mental. Estos últimos no son más que seres que perdieron su identidad, debido a la fusión con esos mundos paralelos, que si lo expreso en otras palabras diré que tienen muy abierta la psiquis o la ventana a otras dimensiones. La curación de estos no radica en fármacos sedantes, sino en el cierre de sus campos etéricos.

Loco aquel que no comprende a los locos y corre en su afán de alejarlos de esa línea a la que no tiene acceso. Y como diría en una ocasión uno de mis *maestros de la luz*: *"De la locura a la cordura, el hilo es imperceptiblemente estrecho"*.

En esos distintos planos se pueden encontrar entidades buenas y malas. Ya es tiempo de hacer una lista, destacando lo que sabemos de estas.

LOS ELEMENTALES

- Salamandras: elementales del fuego.
- Ondinas: elementales del agua.
- Sílfides: elementales del aire.
- Gnomos: elementales de la tierra.
- Hadas: del reino del aire y fusionadas con energía angélica.
- Sirenas: del reino del agua y fusionadas con energía angélica.
- Duendes: del reino de la tierra y fusionadas con energía angélica.
- Los elementales de las plantas.
- Los elementales de las piedras.
- Los elementales de los minerales.
- Los elementales de los animales.
- Los elementales de los humanos.

LOS DIVINOS

- Los genios: seres de la energía planetaria que cumplen tareas kármicas. Genios del Sol, de la Luna, de Mercurio, de Venus, de Marte, de Júpiter, de Saturno, de Urano, de Neptuno, de Plutón, de las lunas del Sistema Solar, de energías lejanas a nuestro Sistema. La astrología estudia sus efectos. Los talismanes buscan sus buenas emanaciones.

- Ángeles: energía divina de Dios. Conciencia del universo.
- Arcángeles: superiores a los ángeles. Encargados de labores especiales en el universo.
- Querubines, serafines, tronos: seres divinos de las cortes de Dios.
- Iniciados: seres humanos que alcanzaron la libertad de este reino material.
- Maestros: seres humanos que se convierten de nuevo en luz y que superan a los iniciados.
- Seres de luz: generaliza a todos los seres divinos del universo, dentro de todos los estados de conciencia.
- Seres humanos desencarnados: ángeles atrapados en la evolución material que han perdido su cuerpo físico y esperan una nueva entrada al reino de la materia.

Otras entidades

- Elementarios: los elementales de los humanos que se amparan en el cuerpo astral para seguir existiendo, mientras se desvanecen, al no tener un cuerpo físico que cree las vibraciones astrales.
- Fantasmas: elementarios que se rehúsan a desaparecer y de algún modo tienen alguna conciencia creada en el plano mental cuando eran humanos. Se mantienen dentro de la existencia, gracias a que se alimentan de la energía mental humana y de la energía nerviosa. Aparecen como espectros para asustar a las personas, robando la fuerza que brota en ráfagas a causa del susto. Algunos de estos desean volver a esta experiencia de la carne y es cuando buscan seres de pobre salud nerviosa y psíquica para poseerlos.

- Larvas: criaturas que brotan de los elementales de la energía sexual y de la sangre cuando mueren en el plano físico. Algunas veces, se pegan al aura de las personas, por lo que se hace necesario hacer limpiezas etéricas. Anidan en los ambientes densos como bares, cantinas, moteles y donde hay sangre que muere, como en los hospitales, la morgue, los cementerios, las carnicerías y más.
- Espectros: masas egregóricas que forman los humanos con sus malos sentimientos y que toman conciencia del plano mental de la humanidad. Son ellos los que se infiltran en los corazones de las personas para llevarlas a proceder mal. A veces, poseen animales.
- Demonios: seres que antes fueron humanos y, antes de serlo, fueron ángeles, pero que ahora son de la oscuridad, porque ya no tienen luz para retornar. También ambicionan un regreso a esta dimensión y, por esa causa, poseen a humanos débiles. Estos, en su maldad, usan a muchos de los anteriores para causar daño en los seres de este mundo, en los reinos vegetal y animal, y en las personas.

Existen más, eso lo sé, pero no conozco sus identidades; creo que la lista se nos hizo grande y, por ventura, no podemos verlos.

Cabe anotar que en los planos sutiles no hay una forma definida, porque la energía se crea a partir del deseo; no así en las formas físicas, de las cuales no se puede cambiar algo más que por cirugía. Esto hace que muchas de esas entidades se disfracen de uno u otro ser para engañar a los humanos. Es necesario tener los ojos muy abiertos, porque hay apariciones en el plano físico o en sueños que suelen ser un fraude.

Muchos niños sufren de los ataques de estas criaturas. Para liberarlos del caso es muy importante celebrar una ceremonia donde se ratifique que este pequeño es protegido por algún credo que conduzca a Dios; tal es el caso del bautismo. También se les puede colocar símbolos de protección en su cama para cuando duermen o elementales protectores como el oro, los cristales y otros que encontraremos en el apéndice de esta obra. Muchos buenos elementales protegen de tales ataques psíquicos no solo a los infantes, sino también a los adultos. A mi hijo Mahalaed, le coloqué una runa Hagal en su cuna y esto lo liberó de cualquier percance astral.

Animales como el perro, el lobo y el gato, por ejemplo, son sensibles a este tipo de manifestaciones.

Mi objetivo es explicar lo referente a los ataques psíquicos e iniciaré clasificando estos tipos de ataque.

Los ataques al plano vital del individuo

Esto tiene por objeto derrotar su vitalidad, ahogándolo en la enfermedad. En ocasiones, son muy sutiles, y por medio de la respiración, al igual que un virus, penetran en el cuerpo del individuo, restándole energía vital.

Otra forma de abordar el organismo humano es a través de los centros energéticos o chakras. El desequilibrio de alguno de ellos abre una puerta para que estas entidades entren a perturbar la energía vital. El de mayor cuidado es el plexo solar, el asiento de las emociones. Descripciones completas de este pueden encontrarlas en mi obra *Los tres soles y la sabiduría fiel*.

La energía vital se debilita por varias causas: la mala respiración, las depresiones emocionales, los excesos laboral, mental y sexual, dormir poco y los vicios como el alcohol, las drogas y fumar.

Para su correcto funcionamiento, las células de nuestro organismo necesitan una buena dosis de oxígeno que les permita realizar el proceso de la combustión celular.

La célula nerviosa es la llave de acceso entre el mundo sensible y el suprasensible.

Nuestras células nerviosas forman ciudades o redes de agrupamiento nervioso a las que se denomina plexos. Las emanaciones de esos plexos se conocen por chakras o vórtices de energía.

La mayor agrupación de células nerviosas la encontramos en el cerebro. Este coordina una red inteligente, basada en la microelectricidad, y a la que llamamos sistema nervioso.

El sistema nervioso se divide, a su vez, en sistema nervioso central, sistema nervioso periférico y sistema nervioso autónomo.

Rescatemos para nuestro estudio el sistema nervioso autónomo, de vital importancia, ya que se encarga del funcionamiento vital del corazón, de la digestión y del sistema respiratorio. Está formado por uno de los doce pares de nervios craneales, el nervio vago o neumogástrico, y en su recorrido forma varios plexos nerviosos. El plexo laríngeo, el plexo cardíaco y el más importante de ellos, el plexo solar. Los chakras que manan de estos plexos se estudian mucho en las corrientes del esoterismo.

La tensión nerviosa ocasionada por depresiones, estrés y excesos laborales conduce a nuestro sistema nervioso autónomo a un estado de colapso que no le permite balancearse energéticamente. Esto hace que labore con anormalidad la actividad del diafragma, no permitiendo la contracción-dilatación adecuada para llenar las cavidades pulmonares del suficiente oxígeno que requieren las demás células para su funcionamiento.[7]

Esta situación causa un empobrecimiento del oxígeno que circula por nuestra sangre y afecta la respiración celular de los tejidos. La falta de oxígeno o nutrientes debilita la actividad energética de la célula.

---

[7] Este tema es tratado con mayor profundidad en mi obra *Los tres soles y la sabiduría fiel*.

En mi obra *En el aura de Dios*, explico con claridad cómo la combustión celular crea la energía astral o los campos bioelectromagnéticos. Con una pobre respiración, esta energía astral disminuye su potencial de acción y crea *huecos* en el aura, por donde pueden filtrarse las larvas que antes mencioné.

Las insuficiencias respiratorias también hacen que se multipliquen los problemas con los radicales libres en el organismo. Estos son todas esas sustancias nocivas del cuerpo que asfixian la membrana celular y no dejan a la célula respirar ni asimilar de forma correcta los nutrientes, llevándola al deterioro, con lo que envejece prematuramente.

Los distintos ejercicios respiratorios, acompañados de fragancias adecuadas para el ser,[8] resultan una herramienta eficaz para la recuperación de la salud vital.

Cuando se realizan buenas respiraciones se tonifica el sistema nervioso; con esto logramos fortalecerlo, en caso de debilidad, pero cuando usamos los buenos aromas, el aire fresco y los sonidos agradables, conseguimos armonizar el organismo entero, por medio de los sentidos. También se recomienda hacer uso de elementales absorbentes, de modo que atraigan hacia ellos todo tipo de energía dañina. Los carbones, pinos, cipreses, eucaliptos, el plomo y todo elemental bueno que tenga la regencia de Saturno resulta un remedio eficaz para recoger cualquier tipo de mala energía.

Los ataques al plano astral

Las depresiones resultan muy perjudiciales para la energía del vehículo astral.

En una depresión emocional se fuga una gran cantidad de energía nerviosa y, en esa circunstancia, el sistema nervioso

---

8   En el apéndice de este libro, detallaré el método que da a conocer la esencia adecuada para cada individuo.

intenta repolarizarse, absorbiendo energía del cuerpo astral y produciéndole una alteración considerable. A esto lo acompaña un desgaste mental y una profunda tensión nerviosa. Con estos tres parámetros, el individuo se postula como presa vulnerable, a merced de cualquier acción elemental.

Las malas entidades saben robar energía a los humanos. En esos casos, se presentan fantasmagóricamente de las formas más horrendas. La acción adrenalínica acelera la actividad celular del organismo, llevando al cuerpo a un desgaste energético del cual ellas se alimentan.

La continua producción de adrenalina, a causa de excesivas cóleras, la falta de paz y la tensión nerviosa son elementos que desgastan el sistema nervioso considerablemente. Una pobre acción del sistema nervioso autónomo puede producir debilidad en la actividad del miocardio. Esto empobrece la oxigenación, por lo que todo el organismo entra en un estado de debilidad *vital*. Son muchos los seres vivos que mueren de tristeza. Para el caso, reproduzco un consejo que mi maestro Reshai nos diera en otro tiempo: *"¡Reíd, reíd a carcajadas y ahuyentaréis todo mal!"*.

Una pobre energía vital conduce a una débil emanación astral.

En mi obra *En el aura de Dios*, explico con detalle que el prana o cuerpo vital produce combustiones intracelulares en el cuerpo físico. Es esto lo que crea el cuerpo astral. Una buena dosis de ejercicios respiratorios engrandece la energía del cuerpo astral. Un vehículo astral fortalecido es una muralla infranqueable ante cualquier ataque elemental. Para lograrlo, hemos de consumir el elemento más barato que existe: el oxígeno.

Es necesario cuidar bien de nuestras emociones para no caer en desgracias vitales.

La aromaterapia resulta una técnica eficaz en el tratamiento de enfermedades emocionales.[9] Los buenos aromas son, por lo

---

9 Encontrarás mayor información en la obra del maestro Huiracocha *Del incienso a la osmoterapia*.

general, producto de los buenos elementales. Estos, ayudados por la buena respiración, acuden a reparar la energía vital.

En la dimensión astral habitan muchas criaturas elementales de todo tipo, que en algunas ocasiones atacan al ser, llevándolo a cometer errores irrecuperables.

Detallemos un poco lo que ocurre con los desencarnados.

El maestro Huiracocha nos anuncia que, al morir, ocurre una división considerable del septenario que compone al hombre.

La primera división se da cuando la energía vital o prana abandona el cuerpo físico. Al no existir cuerpo físico, la energía vital desaparece, y con ella, sus agregados. El cuerpo astral y el cuerpo mental quedan deambulando como cascarones o fantasmas, y en ocasiones realizan las mismas rutinas a las que estaban acostumbrados en vida.

La tríada superior emprende su camino por los planos de la *luz*, donde llevará un curso acorde a sus actos y se preparará para una nueva encarnación. Nacerá en el instante mismo en que los astros le otorguen su karma personal, debido las acciones generadas a lo largo de las vidas.

Muchas de estas entidades astrales se resisten a la extinción, por lo que buscan de nuevo un hábitat donde existir. Es así que encuentran en los más débiles, en los desenfrenados y en los desequilibrados un elemento posible de abordar, una oportunidad de poseer un vehículo físico. De esta manera surgen los poseídos. En ese caso, una salud astral equilibrada es de vital importancia para evitar esos accidentes etéricos.

Los símbolos sagrados, la perfecta organización energética mediante ejercicios espirituales y la *poderosa ayuda celestial* resultan invaluables armas para erradicar esas entidades. Muchos clérigos, amparados en una vida honesta y dedicada al servicio espiritual, lejos de toda contaminación social, poseen la virtud de liberar y ayudar a personas que presentan tales condiciones. A esto, que representa un terrible desgaste vital, se lo llama exorcismo. Un exorcismo se define como el proceso de enajenación de un astral al que no pertenece un vehículo físico. Quienes han librado arduas luchas contra entidades de la oscuridad, ya por servir a la *Gran Luz* o por ayudar a liberar a otros, conocen bien las circunstancias de este hecho, en el que ningún temor debe existir.

LOS ATAQUES AL PLANO MENTAL

Este es el más común de los casos: las invasiones mentales.

La dimensión mental es un plano de vibraciones escandalosas. La mente se asemeja al recorrido por el dial de un radio cuando buscamos una emisora; cada una de ellas proyecta su ruido personal.

Las emisoras son los espacios mentales que antes denominé egrégoras. Es allí y por esa causa que se conectan las distintas personas. *"Dime con quién andas y te diré quién eres"*.

De igual forma, los hombres de poca vibración astral y mental se conectan a través de los espacios mentales y estos lazos terminan por unirlos. Asesinos, suicidas, violadores y toda suerte de individuos belicosos vibran en las tinieblas mentales, y esto hace que sean fácilmente inducidos a despertar el instinto animal de su ser.

En el plano mental existen demasiados demonios promoviendo el mal. Estos aprovechan toda circunstancia de ira, resentimiento, rencor, odio, envidia, desamor, dolor, traición y venganza, entre muchos otros sentimientos dañinos, suscitan en el individuo el error y lo conducen por caminos de perdición, los que más tarde traerán iguales dolores para sí mismo.

El modo de operar es invadir la mente del débil con los más astutos planes de venganza y odio, llevándolo a cometer faltas ante la ley universal del karma.

Pero no terminan allí. Una vez invadida la mente, esto seguirá ocurriendo. Lo seguirán abasteciendo de motivos hasta convertirlo en un adicto al mal, un ser que poco a poco se pierde de sí mismo y avanza hacia la oscuridad. Estos seres malvados utilizan todos los disfraces necesarios para atrapar al incauto.

Es difícil entenderlo desde cualquier concepto racional, pero para evitar eso hay que actuar como lo recomendó Jesús: *"Si te dan en una mejilla, coloca la otra"*.

Este es el proceso que lleva el victimario; ahora analicemos lo que le ocurre a la víctima.

En la lucha entre el bien y el mal siempre hay una víctima y un victimario.

Las víctimas de algún atropello normalmente crean traumas a causa de los malestares emocionales que les producen estas actitudes de sus congéneres. Quienes más se arremolinan en estas situaciones son los signos de agua —Cáncer, Escorpio y Piscis—, seguidos de los de tierra —Tauro, Virgo y Capricornio—; esto por las características absorbentes del elemento.[10]

Un trauma se puede definir como una energía colmada de temores que se posa en nuestro subconsciente. Estos temores radican en un profundo deseo de que esas situaciones no vuelvan a suceder. Sin embargo, dichos temores atraen situaciones similares. Realmente, no son los temores, sino las criaturas que anidan en ellos las que provocan una repetición de los hechos y lo hacen como una manera de postergarse a sí mismas en la mente del individuo.

Para dimensionar esto se hace estrictamente necesario comprender que todos los pensamientos tienen su nido en la sangre; esta es la casa física del plano mental. La sangre utiliza el sistema neuronal como vía de expresión de sus

---

10   Este tipo de temas los trataré en una obra sobre astrología médica que estoy preparando.

emanaciones. La sangre es un montón de elementales, cuya tarea es mantener existente este mecanismo elemental que es el cuerpo físico. J. R. Tolkien los ubicó en el papel de los orcos en su monumental *El Señor de los anillos*. Se puede decir que cada glóbulo rojo es un pensamiento, ya que es un elemental; estos son de naturaleza marciana. Antes dije que cuando estos mueren se convierten en larvas, y es por esa causa.

La sangre visita nuestro cerebro, que es su mesa de operaciones. Este es el motivo por el que miles de pensamientos rondan nuestra cabeza y nos asemejamos al dial de un radio, con miles de emisoras.

La semejanza con el radio es extrema. La hemoglobina es una de las sustancias que posee la sangre. Esta se encuentra formada por átomos de hierro, en su mayoría. El hierro es de características magnéticas, lo que nos coloca como una antena. Todo nuestro organismo es una antena tanto emisora como receptora. Gracias a ello surgen esos: *"Hoy estaba pensando en ti y apareciste"*; *"Justo llamaste cuando te iba a llamar"*; *"Qué raro. Estaba tarareando una canción y puse el radio y ahí estaba…"*.

Esta condición magnética de nuestro organismo hace que todo el tiempo nuestra mente interactúe con pensamientos propios y ajenos, sin olvidar que atrae todas las ondas de radio, celulares, televisivas y más.

Cuando se realiza una transfusión sanguínea se recibe mucho más que sangre. Muchos narran sentir deseos distintos a los antes experimentados, pensamientos extraños y actitudes anómalas a aquello que se es en lo natural.

De la sangre se puede escribir un volumen entero, porque son muchas las cosas que oculta este líquido rojo tan inofensivo a nuestra vista. Pero mi disertación, en este caso, ahonda sobre los traumas y debo retomar el tema.

Los traumas son egrégoras; todo lo que se asemeje a su causa va a posar en nuestra sangre y luego al cerebro. Un glóbulo rojo se asemeja a un bit de información o una cadena de bits de nuestros sistemas informáticos. Su plataforma es el cerebro, así como lo es la computadora entera para los bits antes mencionados.

Un trauma es una historia dolorosa que conserva un bit o una cadena de glóbulos rojos enlazados con esa historia. Cuando algo afuera se asemeja a la historia que se lleva adentro, inmediatamente se activan las situaciones almacenadas en la memoria de nuestro sistema cerebral, gracias a la información que brinde la sangre en relación a ese evento. Cada uno trae traumas en el alma, de acuerdo con sus vidas pasadas, pero en el compartir de esta encarnación se crean nuevas conexiones traumáticas que se suman a las ya experimentadas. La astrología resulta una vital herramienta para descubrir lo que nos sucedió antes. Así se logran reconocer las situaciones a las que son adictas nuestra conciencia y nuestra sangre. Yo realizo esto todo el tiempo con mis pacientes y clientes.

Un trauma es una energía que viaja en la sangre y se posa en el sistema nervioso cuando es hora de reaparecer.

Nuestra sangre está llena de pequeños demonios. No sea esto visto como nos lo hicieron ver los conceptos religiosos, no. Totalmente desprovistos de fanatismo se puede comprender que estos demonios son pequeñas criaturas elementales que mantienen la vida tal como se la conoce. Estos seres elementales son los que desean más sangre. Nuestro instinto carnívoro nos invita a atrapar más sangre a través de la carne, solamente que esta sangre está muerta, con lo que, al consumirla, lo que obtenemos son las larvas de ella. La sangre se derrama en el planeta, porque estos microdemonios desean las larvas.

Estos pequeños demonios se reúnen con las egrégoras de los demás traumatizados y esto genera lazos de atracción. Los seres con historias similares se juntan a través de las egrégoras mentales y estas tienen una base de comunicación en el sistema sanguíneo.

La primera vez que alguien es asaltado se lleva un gran susto. Como se sitúa en el lugar de víctima, adquiere un trauma.

Queda atemorizado de andar solo o por calles solitarias, o simplemente decide no llevar nada más atractivo a la vista de los ladrones. Antes de tal evento, la persona era desprevenida; luego de esto surgen todas las prevenciones. La cólera y la frustración crearon una energía negativa en el flujo sanguíneo y se estampó, a causa de la impresión emocional.

Los demonios del ambiente y también los internos posarán y harán nido en el sistema sanguíneo debido a ese trauma, y estos vagarán sigilosamente una y otra vez por todo nuestro organismo como un ladrón silencioso en la oscuridad de la noche.

Cuando una energía detonante externa lo permita,[11] estos traumas pasados despertarán, conduciendo al individuo a reacciones inesperadas o simplemente al abatimiento emocional más profundo. Casi todas las personas dicen: *"A mí esto siempre me pasa"*.

Yo le diría a cada una de estas: "Tu sangre siempre lo provoca…". Solo espera una orden cósmica que le prepare el ambiente externo para provocar el ambiente interno.

Cuando se revive un trauma a causa de un detonante —una situación externa similar—, los gestos del individuo se descomponen, el sistema de autodefensa se pone en guardia y los demonios se apoderan de ese momento, conduciendo a la criatura a hacer estupideces; estas dependerán de la forma de reacción del individuo. Normalmente, los signos de fuego —Aries, Leo y Sagitario— son los que más se comprometen en estos casos con la ley kármica.

La acumulación de estas energías causa las enfermedades. La continua invasión de esos agentes dañinos en un tejido termina por deteriorarlo. En esto también están comprometidas las energías cósmicas.

---

11   Los aspectos planetarios crean las situaciones que detonan acciones externas. Ese cómo y cuándo lo puede estudiar la astrología, ya sea en las progresiones o en el estudio de los tránsitos planetarios.

Cuando una energía planetaria entra en conflicto con una energía de nuestro interior termina por causar una enfermedad. El modo en que esto ocurre es que inhibe la producción o distribución de algún mineral o elemento en el organismo, originando una carencia orgánica que luego degenera en enfermedad. Los cristales y la botánica resultan ser un poderoso agente para contrarrestar estos problemas energéticos. Para encontrar estas razones es necesario estudiar la carta astral del individuo.

Normalmente, los traumas tienen asiento en algún sector del organismo. Allí residen y destruyen la armonía celular. Citaré las posibles razones que producen algunas enfermedades:

- El cáncer: es generado por emociones afectivas en conflicto, a veces relacionadas con la energía materna o tienen raíz en desilusiones, odios y resentimientos no procesados.
- Osteoporosis: presenta alguna conexión con la relación paterna. La mala comunicación o los problemas acaecidos con este parentesco ocasionan todas estas fallas. En el mismo grupo se incluyen la artritis y el reumatismo; todas enfermedades ligadas al sistema óseo. En ocasiones, son causadas por un masculino.
- El corazón se debilita por desilusión. El miocardio se encuentra estrechamente ligado a la actividad del plexo cardíaco, y este último, al plexo solar, el cerebro de las emociones.
- La arteriosclerosis: enfermedad que en ocasiones también está ligada a la energía paterna. Las emociones frustrantes con este familiar causan desórdenes cálcicos, por lo que estas partículas terminan por sedimentarse

en las arterias. Del mismo modo están relacionados los quistes. En general, es odio reprimido en la relación con el padre. También puede ser causada por excesivo egoísmo y posesión.
- Las depresiones del sistema inmunológico están estrechamente relacionadas con las tristezas y melancolías. Esto, en el fondo, tiene una conexión con vacíos maternos o mujeres que hayan dejado dolor.
- Las enfermedades del hígado están ligadas a preocupaciones económicas. Ambas energías están gobernadas por la influencia del planeta Júpiter.
- La diabetes es otra enfermedad asociada a situaciones económicas. La desmedida ambición, el egoísmo extremo o la cólera producida porque le han quitado algo en la vida son sentimientos que degeneran el páncreas; allí anidan los demonios de este y, por tal causa, destruyen las células alfa y beta que producen la insulina, que es un agente regulador de la glucosa en el organismo.
- El asma es producido por temor a ahogamientos sufridos en vidas anteriores y por conflictos en la comunicación. Normalmente, avisan de algo que el individuo no ha podido expresar con claridad y fecunda temores al respecto.

Estas son algunas relaciones actitud-enfermedad. Nótese que todas ellas son causadas por desórdenes orgánicos, no por agentes externos como virus, bacterias u otros.

Los médicos pueden ir más al fondo de este asunto cuando inspeccionen la o las sustancias carentes que intervienen en estas anomalías de la salud. Por lo pronto, expreso que quienes crean estas situaciones son los agentes dañinos que cargan energías degenerativas en nuestra sangre, a los cuales he venido llamando microdemonios.

Tanto la salud como la enfermedad radican en nuestra mente; por ende, en nuestra sangre. Liberarse del peso de los resentimientos, odios, tristezas, frustraciones, desilusiones, desesperanzas, venganzas y todo aquello que pueda convertirse en trauma es una de las vías para mantener una salud estable y plena de vitalidad.

Un trauma es un recuerdo nefasto y en él anidan los demonios.

La manera de deshacernos de ellos es ingresar conscientemente a esos recuerdos y desmitificarlos; comprenderlos como un acto de inconsciencia de otro ser o un acto accidental. No se pueden disfrazar; es necesario verlos y confrontarlos como tales, con la crudeza que ameriten. Cuando esto ocurre, esos demonios que se alimentaban del sistema nervioso y anidaban en la sangre son descubiertos y salen del organismo, donde ya no pueden crear más odio, temor y cizaña.

Pero surge un nuevo problema: quedan deambulando en el ambiente. En realidad, su alimento es la electricidad del sistema nervioso. Esto les da vida y energía. Cuando se exteriorizan dichas energías, estas se van en busca de cualquier tipo de fuente que les proporcione corriente eléctrica, y es ahí cuando invaden los electrodomésticos, que luego se dañan. Es necesario, en la sala de todo terapeuta o en el caso personal, realizar círculos mágicos que encadenen a esos demonios, desligándolos de esta dimensión. Los consejos para esto se verán en el apéndice de esta obra.

Un desquiciado es alguien completamente gobernado por estos demonios internos; todos ellos, alimentándose de la electricidad de su sistema nervioso, lo convierten en un ser desequilibrado psíquicamente.

Las personas muy psíquicas deben cuidar mucho de su sistema nervioso, y el único tonificante para el caso es la buena respiración; además, deben otorgarle todo cuanto necesite para sus reacciones bioquímicas: calcio, glucosa y otros.

La debilidad del sistema nervioso es un caso muy serio. Una persona puede ser psíquica por dos razones:
- 1. Apertura de su energía espiritual a causa de procesos de meditación, concentración y contacto divino en otras vidas o en la actual.
- 2. Debido a un debilitamiento del sistema nervioso, esto la hace fácilmente abordable por cualquier entidad del plano astral. La pobre emanación de los plexos nerviosos determinan una mísera conexión con la energía del vehículo astral, creando vulnerabilidad a la invasión etérica. Estas personas normalmente tienen mano psíquica, una mano llena de líneas, más allá de lo normal.

Cuando se asoma un trauma, todo el sistema nervioso se descompone; al cabo, la persona cambia de postura, hace movimientos torpes, el rostro se desfigura y, en ocasiones, saltan los tics nerviosos. Uno de los nervios más afectados es el trigémino, que se encarga de parte de los músculos faciales.

Los traumas normalmente se apoderan de los doce pares de nervios craneales, los invaden y toman el mando. Esto se debe a que las impresiones fueron creadas en el plexo solar —el cerebro de las emociones—, que es uno de ellos.

Una vez que los demonios toman el mando, el individuo se desconoce completamente y es conducido a actos de locura, una acción que luego será castigada por el universo. Este es el objetivo de tales demonios y con ello logran perpetuar nuestra estancia en este plano material.

Toda alma que debe algo al universo está sometida a las retribuciones kármicas y, por tal motivo, le será muy difícil alcanzar su libertad.

En tal caso, aconsejo: no os dejéis tentar por los demonios, ni internos, ni externos. Ahora es fácil entender cuando Jesús continuamente le decía a alguno *"demonio tienes"*.

No es bueno eslabonarse más con este mundo, no es bueno revolcarse más en el lodo y ser presa del sucio juego de la oscuridad. Las vanas satisfacciones tienen dolorosos precios en el otro mundo.

Cuidar de la mente, preservar los pensamientos y depurar los dolores causados por otros son el ingrediente perfecto que aísla del error. Las cáscaras abundan para el pie débil. El perdón hacia aquellos que por su grado de inconsciencia hacen daño tiene un precio invaluable, no solo en el Cielo, como se anuncia en los escritos bíblicos, sino también en la Tierra, pues, gracias a ello, de muchas cosas puede librarse el individuo. Perdonar de corazón es liberarse de toda atadura por la cual la oscuridad quiera crear oportunidades que lleven a realizar el mal.

Perdonar no es exponerse de nuevo. Si se siente que ya no se puede creer o confiar en alguien, porque de seguro volverá a equivocarse, entonces simplemente se debe abandonar su espacio, deseándole lo mejor para su existencia.

En nuestro organismo existen microángeles y microdemonios; de nuestra pureza de corazón depende hacia cuál de estos se inclina la balanza.

Las buenas relaciones, los buenos sentimientos, el desarrollar una capacidad de comprender a otros aun cuando se equivoquen, el alejarse de personas dañinas son buenas medidas para mantener la mente lejos del error y, en consecuencia, la sangre libre de nidos demoníacos.

Jesús, el Divino Maestro, continuamente nos advierte acerca de amar a los enemigos. Resulta una filosofía extraña y difícil de abordar, pero, al ver los efectos que causa el odio en las personas y hacia dónde las conduce, creo que es la mejor alternativa para alejarse de todo error perdurable. Amarlo, sin embargo, no significa tornarse masoquista. Amarlo es desearle lo mejor para que salga del error en que permanece, el mismo que acarrea tormentos a las almas. No se puede esperar conciencia en los demás, pero sí es posible desarrollar la personal, en miras de la perfección hacia el sí mismo.

La falsa imagen de ser malo es un símbolo y sinónimo de poder; en las mentes débiles, crea un sentimiento de grandeza, y esto lo encontramos en toda civilización. Escucho continuamente a personas que festejan su éxito al derrotar o engañar a alguien, entre risas y sarcasmos, sin saber que solo son campeones de la estupidez. Del mismo modo, en esta o en otra encarnación, serán tratados.

No es una filosofía o un bonito pensamiento; es el reconocimiento de las leyes cósmicas lo que me permite decir que llevar una vida amparada en viles sentimientos es lo que genera el dolor que lastima a los seres humanos.

No existe un Dios despiadado, como dicen muchos, que permite lo que se ve diariamente en la humanidad: niños desvalidos que sufren, las enfermedades, los actos violentos o los dolores en las personas; es cada uno el que forja su destino, con la única herramienta de labrado que posee: el *libre albedrío*. Quien desee una buena vida o un mejor futuro debe proporcionárselo a sí mismo. La clave está en dar a los demás lo que se desea para sí. En palabras sagradas: *"Ama a tu prójimo como a ti mismo"* (Mateo, 22:37).

Por todo lo anterior, con respecto al plano mental, el mayor secreto de la buena vida es revisar de continuo los actos, no caer en la emboscada de la vida, llevar el bien en el corazón. Aún en los momentos difíciles donde el alma entra en penas y desazones, es importante mantener la paz con uno mismo. Meditar cada día y pensar que se ha logrado lo mejor y lo que es correcto hacer en cada circunstancia. Pensar siempre de la mejor manera es la forma inteligente de ser sabio. Así, se mantendrá alejada toda clase de entidad que quiera perturbar la mente. Dejar a los incautos conformarse con la grandeza de su estupidez. Orar y comunicarse con la *luz* de todo lo existente; ella dará la sabiduría para avanzar por los senderos de la vida. Recordar siempre que la dimensión mental se asemeja a un sistema de crédito, abierta a todo uso, y que crea continuamente los escenarios adecuados para comprometer en deudas ante las fuerzas determinantes de la segunda ley cósmica, ese equilibrio cósmico al que llamamos karma.

LOS ATAQUES A LA *LUZ* ESPIRITUAL

A la tríada superior y divina, la *luz* de Dios en nosotros, ¿qué podría perturbarla? La perturba el error continuo de nuestra naturaleza elemental; cada vez la vuelve más lejana a su ambición de libertad, su deseo de retornar a la causa primera, que es Dios.

La ignorancia nos separa de la realidad espiritual, y ocurre debido a nuestra distancia dentro de nosotros mismos. Si pudiésemos escuchar en el silencio interno, encontraríamos esa guía, esa *luz* superior y divina que es nuestro espíritu, y a este lo tomaríamos por antorcha para iluminar el oscuro paso por la existencia material. Esta *luz*, que es Dios en nosotros mismos, nos enseñaría prodigiosamente a vivir de forma adecuada por los caminos rectos de la verdad, causa de nuestra existencia. A ello llega el hombre en una perfecta comunión consigo mismo, gracias al proceso de la meditación y la interiorización del *yo*. La armonización del *yo* elemental se alcanza cuando el *yo* superior que mora en nuestro interior lo educa. El maestro lo lleva cada uno dentro; los de afuera son luces que te dicen: *"¡Mira hacia dentro!"*.

El espíritu de Dios es eterno, es la *luz* Divina de todo cuanto existe. Sin embargo, todo lo expuesto en esta obra deja claro que la *luz* que habita en el hombre va extinguiéndose poco a poco a lo largo de las encarnaciones. Tras un terrible hechizo, el ángel termina convirtiéndose en demonio y pasa de la *luz* a la oscuridad. Este hechizo no es más que el paso por la existencia material. Ya muchos seres al perder su luz terminan siendo gobernados por el elemental. La *luz* que todo lo inspira agoniza dentro de ellos; su luz se ha ido. Esto conlleva a una existencia denotada por una pobreza intelectual y espiritual. Sus cerebros no razonan lo suficiente; su naturaleza es más instintiva que razonable.

Poco a poco, el repetido proceso de la producción hormonal va desgastando la luz presente en la humanidad. El sexo, contrario a como se lo ha visto, no es malo: es la llave al final del barril. Se ha de tener en cuenta que con el grifo abierto un día el recipiente estará vacío. Es esa la manzana alegórica del Edén del Génesis bíblico.

Pero es en el sexo mismo donde radican los profundos secretos de la redención. Para ello se busca la alquimia, los secretos que llevan a realizar dentro de sí la piedra filosofal. *"Tu eres Pedro, y sobre esta piedra edificaré mi Iglesia"*.

Ahora que se reconocen todos los agentes que perturban los distintos vehículos, es necesario detallar cómo depurar el plano mental donde permanecemos, y para el caso se escribe el siguiente capítulo.

La libertad mental

Todo tipo de trauma, dolor del ser o evento que sacude nuestra naturaleza psíquica es abordable y reparable, siempre que se haga una identificación consciente del problema, y para ello es necesario internarse en las profundidades del sí mismo.

El temor es la kriptonita del alma. Para los ángeles, en su estado natural, es decir, en los reinos divinos, nada existe que pueda atemorizarlos. Al no poseer una carne, no tienen el compromiso por conservarla; además de que no hay dolor corporal, porque no hay un mecanismo que lo produzca, como en nosotros lo es el sistema nervioso. Cuando fuimos ángeles libres, no conocimos el dolor.

Podemos reconocer de modo característico dos tipos de dolor: el tangible y el intangible. Uno por la carne, que es el dolor físico, y otro por los sentimientos, que es el dolor emocional.

El ser humano teme de cualquiera de estos, siempre ligados a una pérdida.

En síntesis, cada individuo teme a perder, ya sea su cuerpo o sus adquisiciones tanto físicas como emocionales.

El temor es una puerta que expone a un individuo a la invasión de su *yo*.

Solo las criaturas encarnadas conocen el temor.

Este caso es fácil reconocerlo en el reino animal. Los sensibles sabemos que también ocurre en el reino vegetal.

Todos los seres elementales, incluyendo el nuestro, temen el abandono de su cuerpo físico. Este temor tiene raíces en los dos componentes antes mencionados: dolor al abandonar el cuerpo y dolor de perder los sentimientos generados hacia lo que creen que les pertenece.

El alma, que es la esencia sensible de nuestro ser, se contagia de los temores del elemental. Es esta faceta del ángel que llevamos dentro la que vulnerabiliza la esencia divina que somos.

El alma sufre a causa de los apegos del elemental. Sin embargo, ambos reconocen que nada de lo que existe a su alrededor estará para siempre, ya que el tiempo tiene un día señalado para apartarla de su apego. Las almas se apegan a situaciones netamente temporales y, por causa de ello, sufren tarde o temprano.

El temor es una experiencia de los seres encarnados, no de los desencarnados. En el éter sutil no hay nada que perder y mucho por ganar.

Muchas entidades oscuras se valen de este principio para acechar a sus víctimas. El disparo de adrenalina a causa de un susto o una ira es un algo que liga al temor con el alma; entonces, en un momento así no solo se fuga energía vital y astral, sino que esto también perjudica la esencia de nuestra energía femenina superior.

Pero los grandes temores fabrican grandes traumas, y vimos en el capítulo anterior que un trauma es una situación que se convierte en el nido de energías elementales y de larvas. Es gracias a los traumas que los elementales se apoderan de nuestra vulnerable alma.

Nuestra alma se encuentra atada por los traumas, y esto que ocurre en nuestro interior es el mecanismo por el cual se hace difícil desatar la energía espiritual. Siempre que se emprende la búsqueda interna, los nidos traumáticos de los elementales acosan la mente del individuo, sobornando su propósito de ser libre, y para ello reproducen situaciones externas que se identifican con recuerdos internos. De tal modo, inhiben de la manera más destructiva todo intento de retornar a la luz.

Cada individuo que desee encontrarse con Dios en su corazón debe destruir los nudos internos de su ser. Tiene que exorcizar su alma de los temores, eliminando los demonios que anidan en sus traumas internos, y para ello debe hacer un viaje interno en busca de tales demonios. *"Nosce te ipsum"*, dice la inscripción en el templo griego de Apolo; "Conócete a ti mismo".

La astucia de estas criaturas es incalculable. Ellas saben que los humanos sufren a causa de los apegos. Esa es la herramienta, la llave que cierra el cerrojo de la intención que tiene cada individuo por divinizarse. La frase que Jesús expresó, *"Déjalo todo y sígueme"*, está amparada en este argumento. Quien no es capaz de desapegarse de todo lo que existe a su alrededor aún es presa de sus demonios internos, y todo paso que dé por buscarse a sí mismo será fallido. De tal modo, no puede liberar a su espíritu para arribar al Reino de los Cielos.

El temor, el terror y la angustia son profundas debilidades que todo ser humano debe desterrar de su *yo*.

Las malas entidades actúan inquisitivamente sobre toda criatura elemental, amenazándola con un tormento continúo de aquello que teme. Invasiones mentales, inseguridades, temores e incertidumbres recrean continuamente escenarios similares a los temores de cada quien; juegan con ello hasta deprimir la mente y el ser emocional de toda criatura.

Los temores son un conjunto de energías que afectan a los vehículos emocional y mental. Al caso, acuden los entes astrales y mentales para invadir a estos, de acuerdo con las debilidades que presente cada individuo. Cuando estos requieren energía, traen a la mente aquello que no se quiere contemplar y despiertan los fantasmas que, por no tratarlos, han perdurado en el pensamiento. A este efecto traumático lo ampara el poder de la sugestión, y esta es una fuerza interna tan poderosa como la fe.

La fe es la fortaleza mágica del espíritu; la duda es una vacilación del elemental que destrona la fe. Jesús, en los evangelios, pide a sus discípulos más fe, creer en que se puede. Esta es una gran herramienta del espíritu: el poder mágico de la fe.

La fe es una convicción del mental superior, es una fuerza mágica que hace que todo se pueda en el reino divino de Dios y que con solo desearlo se alcance. La duda es un argumento catastrófico que antepone el elemental y, para ello, se ampara en la lógica. La fe despierta las potencialidades del espíritu y es una fuerza que hace que el ángel que somos gobierne sobre la naturaleza física y, por ende, sobre la elemental. Nada es imposible a la fe, mas para la razón todo es debatible. La razón es mental; la fe es espiritual. El elemental que nos posee interpone la lógica cuando encuentra un acto de fe. Un solo pensamiento cargado de fe destruye todas las barreras del reino elemental.

> Porque de cierto os digo que si tuviereis fe como un grano de mostaza, diréis a este monte: "Pásate de aquí para allá", y se pasará; y nada os será imposible.
>
> *(Mateo, 17:20)*

La sugestión es una herramienta del elemental, una daga de la mente útil para materializar cualquier temor.

Cuando se habla de piojos, ¿a cuántos les pica la cabeza, aun sin tenerlos?

La sugestión es un sentimiento que tiene una raíz, y esta fue generada en algún momento. Se puede formar por varias razones: un evento previo que se convirtió en miedo o simplemente el individuo vio una película, o le contaron acerca de algún hecho trágico, y la impresión que esto le causara se le convierte inmediatamente en un temor, algo que no desea que le suceda. La sugestión es una fuerza que hace que estos pensamientos temerosos tomen forma real.

Es muy típico que cuando se habla de enfermedades como el cáncer, úlceras o el sida, por ejemplo, las personas entren en estado sugestivo y, en ocasiones, expresen sentir los síntomas de estas, creadas de manera ficticia por los elementales de su cuerpo.

Existen temores arraigados en el alma desde pasadas encarnaciones; la mente los conoce en algún momento y se encarga de exteriorizarlos y utilizarlos como soga de amarre para la Tríada Suprema.

Como quiera que sea, el temor es la cuna de todos los impedimentos en la vida. Los grandes temores convertidos en traumas son los fuertes canales por donde actúa la sugestión, la fuerza que atrae todo aquello que no queremos para nosotros.

Muchas de las cosas que nos suceden repetitivamente en la vida tienen cualquiera de los siguientes orígenes:

- 1. Karma.
- 2. Situaciones sin confrontar de pasadas encarnaciones.
- 3. La mente atrae a las personas necesarias para satisfacer el teatro de la sugestión.

En el primero de los casos, el universo cercano posee un sistema contable perfecto en el que cada alma recibe cuanto ha creado, para bien o para mal, y no hay cómo evadir el compromiso universal; solo se puede saber el cuándo a través de los estudios astrológicos.

En el segundo caso, el alma trae pánico a situaciones ocurridas en otras vidas, que despierta cuando ocurre un evento similar en la presente. Es allí cuando la energía elemental interna descubre un trauma, el cual le resultará útil para encerrar el alma en los momentos requeridos.

En el tercer caso, la mente se encarga de crear los escenarios requeridos. Para ello, el individuo busca dentro del medio en el que se desenvuelve a los *actores* que complacen la obra de su duelo personal. El elemental se asocia con los victimarios, que son seres que traen dentro de sí la necesidad de encontrar víctimas afines a tal conflicto interno.

En los tres casos se puede observar un alma acongojada por su pasado. La sugestión, por tanto, es el mecanismo de atracción de esos conflictos por donde fluyen las consternaciones del ser, todo esto desencadenado por los demonios internos, a causa de los temores que acosan el alma.

Todo aquel que desee ser libre de sí mismo debe bucear dentro de su ser y destruir sus miedos. Este es el significado del loto que surge del pantano dentro de las culturas orientales. Una flor hermosa que nace del lodo. Esa flor es nuestro espíritu; en tanto, ese lodo representa todo lo que hemos venido tratando acerca de los demonios que asedian las almas.

Como astrólogo, servidor de la *luz* y consejero, he tenido la oportunidad de explorar, conocer y reconocer tanto el pensamiento ajeno como el propio. Por tal experiencia, expongo que la única vía de divorcio con los temores de la vida es la confrontación con uno mismo. Esto solo puede lograrse mediante la interiorización.

La técnica es muy simple y, a la vez, es lo más complicado que puede hacerse. Cualquiera de estas dos situaciones es factible: que alguien nos ayude, como un terapeuta, por ejemplo; o que lo hagamos por nosotros mismos.

En ambos casos, la mente del individuo esconderá, disfrazará y saboteará todo intento que ejecute el interesado por destruir sus demonios. La sagacidad de los buenos terapeutas acude como el canal de solución a este caso. Si se trata del trabajo interno personal, en ese sentido, la concentración sobre el objetivo será la luz en el sendero de dicha confrontación, mas debe tenerse cuidado con el autoengaño y la autojustificación.

Para cualquiera de los dos senderos que decida tomarse, es necesario traer todo trauma a este mismo presente mental. Sin embargo, no es algo fácil para aquellos que aún se encuentran frágiles ante el meollo del asunto. Para el caso es mejor darse un período de reposo emocional y mental antes de confrontarse consigo mismo, pues antes que aliviarse se intoxicará todavía más.

Pero cuidado con encontrar en el olvido la herramienta de solución. Al respecto, explicaré cómo funciona ese *yo* elemental cuando se desea tomar esa vía.

Todo evento, agradable o desagradable, es almacenado en la memoria subconsciente de nuestro ser. Tratemos por el momento los casos que en algún momento causaron disgusto.

Estos archivos, por así decirlo, los asemejo a baúles donde el humano guarda todo aquello que no desea recordar y cree encerrar todo aquello en el supuesto olvido. Mas cuando las criaturas elementales externas, en asociación con su propio *yo* elemental, saben de algún temor archivado, ambientan los escenarios pertinentes y entonces el baúl se abre con el recuerdo de lo ya conocido. Pero como ya existe un recuerdo previo y el conocimiento del posible desenlace, naturalmente, todo el ser se consume en la más completa desolación y frustración, estado ideal para ser invadido por nuevas criaturas del entorno etérico. Los odios y las cóleras de frustración, el abatimiento y la desesperanza resultan ser sentimientos-nido para nuevos entes demoníacos.

El perdón es el medio más profundo de exorcismo que puede ser realizado en beneficio propio. Pero para perdonar se debe desalojar todo mal sentimiento interno relacionado a la herida causada por otro ser.

Pero ¿cómo abordar eso que nos atemoriza tanto?

Hagamos un experimento imaginario.

Se toma una película de terror X. Se observa con total desprevención y se analizan los resultados. Pánico, terror, susto, imágenes grotescas y más será el resultado de las emociones que gobiernen al ser en dicho experimento.

Se deja pasar un día y se da una cita ante la misma película. El resultado será algo similar a lo anterior, pero con la ventaja de saber lo que se espera de una escena a otra.

Se deja pasar otro día y de nuevo se presenta ante el film. En este momento, aparecen los ojos de escrutinio, la curiosidad por saber cómo se hicieron los efectos, si existe en realidad eso que se observa y otras cosas más pueden rondar la mente del individuo. Quizá experimente algo de terror todavía, pero con una dosis de análisis implícita en ella. Este espacio de observación permite desmitificar algunas escenas y sentir que no son tan temerosas como cuando causaron impresión y estupor, en el principio.

Un día más y de nuevo se enfrenta con la imaginación del cineasta. De nuevo surge el interés por comprender cómo se lograron esos efectos, qué tanto costaría crear el ambiente para la película y cómo consiguieron los actores cumplir el propósito de sus papeles, entre otros, son cosas que pueden brotar en las emociones y los pensamientos del espectador. Quizás antes de causar estupor lo que genera la película es algo de aburrimiento y cansancio por ver siempre lo mismo.

Este es el proceso de desmitificación del miedo. Es tal el resultado de nuestro experimento.

Esto mismo puede ocurrir con los temores internos. Desproveerlos de la impresión y luego analizarlos es el medio por el que se alcanza la destrucción de los demonios asociados a ese miedo.

Un buen método para laborar requiere de una meditación interna, concentrada y profunda, donde los ejercicios respiratorios oxigenen perfectamente y tonifiquen todo el sistema nervioso. Esto fortalece el vehículo astral para no debilitarlo con emociones.

Es importante llegar al alma a través de los sentidos. En el apéndice de este libro, así como también en mis otras obras, enseño el modo de arribar con plenitud a la conciencia del ser. En este caso, es trascendental acompañar la práctica con los perfumes y sonidos adecuados, concernientes a cada persona.

Abordarse como en el método científico, usar el camino de la observación y la experimentación con cada temor, es un buen proyecto para internarse en el conocimiento de sí mismo.

Un buen ejercicio es: tómese un trauma, cualquiera que sea, tal vez de los más fuertes o los más suaves, como se desee y como se sienta capaz. Tráigalo a la mente consciente, ráptelo de la memoria subconsciente y analícelo. En breve, brotarán las emociones ligadas a ese evento. Estas deben sentirse y, luego, deje descansar el alma.

Al cabo de un tiempo, el que se considere necesario, vuelva a traer la situación a la mente consciente, descargue las emociones ligadas a ello, expresando lo que no pudo en el momento, exteriorice la ira, la cólera y los sentimientos morbosos que anidaron allí. Antes de cerrar la sesión, vuelva a recordar y considere que liberó las emociones ligadas al tema.

Dese un descanso, el que considere, y vuelva a tomar el caso. Analice los factores de por qué ocurrió tal situación. Si fue un robo, por ejemplo, considere que los atacantes son seres con pocas oportunidades y trate de ubicarse en sus necesidades. Si fue un desamor, trate de comprender que esa alma no sentía lo mismo que usted y que el amor es una energía que no puede obligarse. Esto le permitirá entender las razones del victimario, y si estas le resultaran injustas, entonces suelte la sed de justicia, porque en el universo hay sistemas de ajuste que se encargarán de ello. Quizás esté siendo víctima de alguno de esos ajustes.

En otro momento, analice la actitud que se tomó ante el conflicto y la forma en que la situación se desarrolló. Por el momento, solo tráigalo a la mente.

Cree de nuevo el espacio adecuado para su interiorización. Vuelve a traer el mismo evento y trate de analizarlo; pregúntese cómo lo habría abordado si hubiese hecho tal o cual cosa, cómo hubiese podido reaccionar de la mejor manera o cómo le hubiese dado la mejor solución, ahora que no tiene el elemento sorpresa.

Finalmente, considere si puede o no hacer las paces internas, perdonar las situaciones externas y liberar su ser del dolor.

Realizar este ejercicio de forma repetida, una y otra vez, hará que aquello a lo que teme se desvanezca; desaparece el fantasma que lo alimenta desde el pensamiento. Una vez vencida esa energía, se ha eliminado por completo un trauma. Si en algún momento de la vida se repitiese un evento similar, estará registrado en el pensamiento cómo abordarlo sin incurrir en temor alguno.

En la eliminación de traumas reside la clave para deshacerse de las densas entidades que acosan el alma desde distintos planos. De tal modo se logra la libertad de una mente presa por los traumas y circunstancias redundantes de la vida.

De la libertad mental depende la felicidad del alma. El mejor regalo que se puede obsequiar cualquier persona es su propia libertad.

La confrontación de demonios

En este punto de la obra, nos es claro que existen infinidad de criaturas en esos universos paralelos que no vemos. De estas las hay maravillosamente buenas, terroríficamente malas y promedio. Este libro trata acerca de cómo destruir las malas; ojalá en algún momento pueda describir las maravillas que se conciben cuando se trata con las buenas entidades elementales.

En los capítulos anteriores, he enseñado que la confrontación es el medio por el cual nos enseñoreamos ante estas criaturas que no buscan más que nuestro temor. Pero, una vez abatido el miedo, nos ayuda el conocimiento. Ya se ha demostrado que el ser teme a lo desconocido, mas este libro es la puerta para conocer esos universos paralelos, a los cuales no debe temer.

Cuando digo conocimiento, me refiero a todas las ayudas divinas y elementales que, usadas del mejor modo, detienen cualquier intención de las malas entidades. Existe una serie de herramientas, entre otras, que ahora me sirve citar:

- El pedido de ayuda a los seres celestiales.
- Los símbolos sagrados.
- Las ayudas de los buenos elementales.
- La fe.
- La oración.
- Los conjuros.
- La asesoría espiritual.

- Los círculos mágicos.
- Los alfabetos y letras sagradas.
- Puertas dimensionales para los desencarnados que no alcanzan la *luz*.
- Las limpiezas tanto físicas como etéricas.

Sobre todo esto trataremos en el apéndice de esta obra.

Todas y cada una de estas deben ser usadas con determinación y firmeza; la vacilación causada por el temor sería, en este caso, un obstáculo para cualquier buen propósito.

Recordemos que las formas elementales son energía, que son amorfas y que adoptan la apariencia que deseen. Pero si hablamos de malas entidades, estas, lógicamente, toman el aspecto más degradante con el que puedan infundir mayor temor. Nadie debería turbarse por las formas que ve. Normalmente, estas aparecen del modo en que las personas las han mitificado. Un ejemplo de ello es que alguna entidad elemental o algún demonio puede aparecer tomando la forma rojiza y con cuernos que por cultura se ha popularizado. Esto será, entonces, lo más sencillo para ellos, porque ya está plasmado egregóricamente en la mente de los seres humanos.

En tales casos, el conocimiento sobre el tema y una buena preparación psíquica resulta ser la cura para confrontar esas circunstancias.

Ahora, debemos entender qué es eso de una buena preparación psíquica.

Esto se refiere a que nuestros sentidos espirituales deben estar en las mejores condiciones, de modo que no sean presa fácil de cualquier invasión. Para ello se hace necesario fortalecer la esencia de nuestro ser con los distintos métodos respiratorios que existen. Recordemos que el cuerpo vital fortalece al astral, y un astral fuerte es la base de todo poder mágico.

Otra de las vías para fortalecer nuestra psiquis es abandonar el temor a la oscuridad. Muchas personas temen a esto por alguna circunstancia. En varias ocasiones, estos temores se fundan en la niñez, cuando los adultos, por ganar su obediencia, los amenazan con cosas desconocidas que se forman en su imaginación. Por ventura, los nuevos niños índigo que llegan al planeta tienen, al respecto, una actitud diferente. Esto, en parte, se debe a que las fábulas cada día crean figuras más y más monstruosas. Es fácil verlo en que estos pequeñines no crean mitos relacionados a ello. La ventaja es que, si no temen de esas caricaturas, tampoco van a tener en cuenta cualquier cosa que, en sentido figurativo, le infundan los adultos.

A aquellos que aún le temen a la oscuridad, los invito a derrumbar el muro de sus preocupaciones, realizando un ejercicio fácil y productivo; consiste en observar en la oscuridad. Un principiante atemorizado es mejor que lo haga a la luz de la luna llena, para que el resplandor le sea propicio. Luego, poco a poco, y con el paso del tiempo, trate de caminar en la oscuridad de tal modo que afine los sentidos de la percepción y la ubicación, y comience a vencer todos los temores que surgen ante la oscuridad.

Cuando las prácticas hayan avanzado, en medio de ellas, visualice su *luz* interna, su propia luz, que inunda todos los espacios. Poco a poco, tome seguridad en ello hasta vencer el absurdo temor a la oscuridad. Recuerde siempre que la *luz* brilla en todos los espacios, hiriendo la oscuridad, no al contrario.

En la antigüedad, los maestros de las diferentes culturas hacían pasar a todo aspirante a la sagrada iniciación por la confrontación de sus propios miedos, y una de las pruebas consistía en internar al neófito en cavernas oscuras, donde debía destruir sus temores y descubrirse a sí mismo.

Dicen los evangelios que Jesús, como *ser superior*, fue tentado por el demonio en el desierto. ¿Acaso dice la Biblia que Jesús salió huyendo? Nada de eso. Destruyó la fuerza del mal y se engrandeció ante ella. Esto mismo puede realizarlo todo aquel que aprenda a conocerse a sí mismo y a comprender todo lo relacionado con lo desconocido de esos universos paralelos. Esto, con el tiempo, le permitirá entender que la oscuridad es una ausencia de luz, nada más, pero que cada quien es una lámpara que alumbra los mundos, aunque los ojos materiales no puedan verla.

> Vosotros sois la luz del mundo. Una ciudad asentada sobre un monte no se puede esconder. Ni se enciende una luz y se pone debajo de un almud, sino sobre el candelero y alumbra a todos los que están en casa. Así, alumbre vuestra luz delante de los hombres para que vean vuestras buenas obras y glorifiquen a nuestro Padre que está en los Cielos.
>
> *(Mateo, 5:14-16)*

Cada ser humano es una entidad divina. Dice Aleister Crowley en su ritual sagrado: *"Cada hombre y cada mujer es una estrella"*. Ya he expresado con anterioridad que somos ángeles encarnados, y los ángeles son la *luz* consciente de Dios en el universo. Los demonios fueron humanos y, antes de eso, fueron ángeles. En esta cadena jerárquica, ¿quién debe obediencia a quién? Todo ser humano puede encadenar a un demonio y enviarlo a los abismos de su inmundicia, siempre que derrumbe sus temores y pueda, de este modo, ejercer su autoridad.

Esta es la vía para derrotar un demonio: sentirse dueño de sí y fuerte en sí mismo, con la autoridad que como ángel posee en el universo y ayudado por los seres superiores, quienes acuden al llamado y actúan en ese universo que nuestros ojos no pueden ver, pero donde nuestra voluntad sí puede actuar, y para ello hemos de servirnos de todos los medios sagrados que nos permiten alcanzar el objetivo.

La mayor confrontación de demonios se lleva a cabo consigo mismo, desde el interior. Retomando lo visto en capítulos anteriores, es necesario informar que se deben eliminar en lo posible todos los demonios internos, no sea que alguno de ellos sabotee el instante en que el ser se sienta seguro y lo perturbe con algún temor reflejo del inconsciente.

Adentro inicialmente y luego afuera es el medio por el cual se puede confrontar una entidad demoníaca, con la autoridad que reviste al ángel encarnado que vive dentro de cada ser. Este es un paso obligado para aquellos que buscan abrir el capullo de su *rosa* y anhelan contemplar la *luz* de su *ser interno*.

¡QUE LAS ROSAS FLOREZCAN
SIEMPRE SOBRE TU CRUZ!

El retorno a Dios

Cuando paso por las distintas escuelas filosóficas, los cultos de mi ciudad, las iglesias o simplemente voy a los grupos a compartir con los buscadores, siempre me pregunto qué andan buscando.

Muchos creen que es estar bien con Dios, porque, de tal modo, la suerte los ampara y en algo sus almas se regocijan. Es un lindo sentimiento que se puede percibir dentro de cualquier religión. Los seres sienten que tienen una orientación especial que los conecta con un creador, y que por este nexo reciben bendiciones.

Casi todas las personas que encontramos en estos focos de atracción espiritual tienen un llamado interno por alcanzar la *luz*. Algo se movió dentro de ellos para iniciar su búsqueda. Sus hallazgos dependerán siempre de la metodología que adopten para alcanzar su propósito.

El único problema en esto es la actitud elemental por defender una idea o un criterio.

Todos los cultos se iniciaron sanamente, tras las enseñanzas de sus guías espirituales. Estos sabios hombres tuvieron la sagrada misión de enseñar a su gente el sendero por donde debían caminar. Muchas de esas enseñanzas se aplican en sectores donde en ningún momento estuvieron destinadas. Esto lo podemos encontrar en palabras de Jesús, en Mateo, 15:24, donde le dice a sus discípulos, en relación a una mujer cananea: *"No soy enviado sino a las ovejas perdidas de la casa de Israel".*

Pero es común en la mente humana la actitud de invadir el pensamiento ajeno para asegurarse de que el propio es el correcto. Cada ser obedece a un proceso evolutivo distinto y semejante a la vez que el de los demás; distinto, porque cada alma trae un proceso evolutivo, de acuerdo con su trabajo personal, y semejante, porque hay almas que se pueden agrupar cuando tienen un sendero recorrido similar.

Para ilustrar mejor este concepto, voy a realizar un símil muy importante que nos permitirá entender por qué no debemos arrastrar con nosotros a quien no corresponde.

Ubiquémonos mentalmente en un colegio, ya que el camino a la *luz* de Dios, el retorno a ella, se asemeja a una escuela de nuestros sistemas de enseñanza tradicional.

En todo colegio existe un director, un coordinador, un gremio de profesores, asesores pedagógicos y el alumnado, que, en este caso, es la razón de ser del colegio.

Todos sabemos que la enseñanza es un proceso que conlleva una serie de años de inversión para alcanzar el propósito de llegar a la universidad, donde una nueva etapa le espera al estudiante antes de desarrollarse en la vida social con una profesión.

No es posible, por más que se desee, sacar un alumno de un aula e incorporarlo a otra.

¿Qué se logrará al darle una ecuación de segundo grado a un niño de preescolar para que la desarrolle? Solamente, le estaríamos dando una hoja para rayar o hacer avioncitos. ¿Y qué se alcanzará dándole a un chico de secundaria avanzada una hoja para dibujar palitos y bolitas? Pensará, obviamente, que le estamos jugando una broma. En tal caso, hará una sonrisa de sabelotodo.

Para un director de colegio, tan importante es el maestro de primer grado de escuela como el del último grado de colegio.

Cada uno es un profesional en la función de su deber. Del mismo modo actúan Dios y las jerarquías de la *luz* al respetar a cada líder religioso y el nivel al que debe conducir a sus fieles. Quienes no comprenden esto son los hombres necios, que pretenden convertir a todas las almas en una misma religión. Esto, sencillamente, no es posible.

Esta comparación me servirá para dar a comprender que cada alma tiene, por consiguiente, un propio nivel de desarrollo personal, y que por tal causa no pueden ser generalizadas todas dentro de una misma aula de aprendizaje.

Existen quienes deben debatirse dentro del mar de la filosofía, buscando una verdad para defender, y si es ese su estado evolutivo, allí deben permanecer, y para esto existen escuelas y maestros adecuados. Otros sienten que al dar amor encontraron el camino, y eso es bonito en ellos. Hay quienes creyeron que aplastando a los *infieles* lograrían la gracia divina. También existen los que esperan ser salvados en cuerpos materiales por seres de otros planetas y hay más que para lo que nos concierne no sirve citar.

Cada quien defiende su hipótesis y se encamina por donde cree que le corresponde. Aquellos que desertan de una escuela cualquiera lo hacen porque dentro de sí reconocen que esa no es su aula y que les corresponde un grado más arriba o más abajo de ese nivel del cual se apartaron.

Cada quien posee un estado evolutivo en su proceso de retornar a la *luz* y todos los escalones de esa evolución deben ser respetados. De otro modo, estaremos actuando como necios, trayendo un niño a secundaria o a un universitario a preescolar.

Los caminantes del sendero iniciático, quienes han trasegado todos estos procesos y se encaminan al desarrollo de sí mismos, deben tener en cuenta el respeto que se debe dar a cada individuo en su evolución. Un mecanismo que nos ayuda a comprender cuál ha sido el sendero recorrido por un alma en particular se encuentra en la astrología. La buena relación de Plutón o Neptuno con la Luna en la carta natal nos habla de esto. En relación a Neptuno, el despertar espiritual, y en relación a Plutón, las potencialidades mágicas. Este dato lo puede otorgar cualquier astrólogo. Quienes presentan estos aspectos planetarios de seguro han conocido el rostro de Dios de algún modo.

Debe entenderse, entonces, que son necesarios todas las religiones, todos los cultos, todas las creencias y todos los grupos que se forman en pos de buscar la esencia divina que late dentro de cada ser humano.

Jesús les dice a sus discípulos: *"Quien no es contra mí, conmigo es"*, indicando, de este modo, que no existe una competencia en el sendero y que son muchos los que avanzan en su propósito espiritual, ayudando a quienes buscan la *luz*.

Buda, Mahoma, Jesús, Krishna entre otros son seres divinos y líderes de las grandes religiones. Sin embargo, es claro entender que ninguno de ellos tuvo el propósito de tal expansión. Esto ocurrió gracias a sus sucesores, quienes multiplicaron el sagrado mensaje de sus maestros. En todos los casos, la necedad de la mente humana desconoció que en cada región ya existía un mensaje, un modo y una enseñanza para retornar a Dios, haciendo con ello nada más que una masacre de conocimientos sabios con los cuales muchos encontraron el modo de retornar a la *luz*.

No es tiempo de colocarse tras una idea filosófica, defenderla y enredar a otros en ella. Cada cual con su propio sendero. Es tiempo de orientarse por la senda que se ha escogido y avanzar con limpio corazón y sentimiento puro hacia sí mismo para luego tener el sentido hermano de orientar a los demás.

Nuestro proceso radica en despertarnos ante la esencia divina que llevamos dentro. Para ello es necesario ir abandonando el animal y concibiendo al *dios*.

Las almas nuevas, en un principio, son conscientes del proceso que conlleva la materia, pero el paso por las muchas encarnaciones hace que en cada una de esas vidas el ser se abandone más y más de ese deseo por retornar.

Muchos nos maravillamos de los videntes; por desgracia, nos sorprendemos de algo que perdimos por causa de descuidar la *luz* que llevamos dentro.

El proceso de retorno a Dios tiene varias fases. Para avanzar hacia un reino donde todo es bondad y perfección es necesario retornar a la toma de conciencia. En ello, Jesús y los grandes maestros han sido enfáticos, al recomendar a todo discípulo el bien dentro de sí, pues la maldad es esa capa oscura que se postra ante los ojos del ser humano y no lo deja acercarse a un reino divino.

Este es un gran propósito que tratan de cumplir las escuelas y religiones masivas, las cuales se preocupan de que el ser se encamine por los buenos senderos, abandonando hábitos y conductas perjudiciales; estos son los primeros pasos en la enseñanza, los primeros peldaños de la escalera que conduce al Reino de los Cielos.

Nos encontramos en una transición importante de la energía cósmica relacionada con las eras o eones. Estamos abandonando la Era de Piscis y entrando en la Era de Acuario. En esta nueva era se observa un interés admirable por el descubrimiento de nuevas filosofías y conceptos; la novedad se impone ante la tradición, y esto hace que las personas creen nuevos criterios, descubran nuevas facetas en sus búsquedas espirituales y de todo eso surja, en ocasiones, una mezcolanza polifacética de ideas espirituales que pierden hasta al más avisado. En otros casos, abren la luz en el sendero y permiten comprender que la esencia de la enseñanza siempre ha estado presente en la mente de los hombres y que era solamente cuestión de descubrirla, apartándose de todo fanatismo religioso.

La energía acuariana presenta un patrón de rebeldía y es antiesquemática. Esto conducirá a los seres de esta era a una intensa investigación y a crear sus propios criterios religiosos.

Si en la pasada Era de Piscis se vio cómo los cardúmenes seguían al pez guía, en esta era cada uno tratará de conciliarse con su propia religión. Será muy común que cada quien realice sus cultos y, a lo sumo, encontrará a algunos que compartan sus criterios. Las masas religiosas poco a poco desaparecerán por la ausencia de criterios sólidos y por carecer de espíritu de investigación. Me atrevo a decir que en el futuro no habrá religiones, sino búsquedas personalizadas donde cada quien alcanzará sus propios resultados. Para esos caminantes, repetiría lo que en su tiempo recomendaba mi maestro Huiracocha: *"Camina despacio"* sin perder el Norte de sus estudios.

He expresado antes que el proceso para arribar a la morada celestial es largo y que cada año de escuela, en nuestro ejemplo, puede asemejarse a una encarnación o grupo de encarnaciones en la vida de un ser. Continuando con las comparaciones, resta decir que la universidad de este proceso es el estudio en el sendero iniciático y que la graduación es la *iniciación*.

Para tratar el tema con claridad, debo expresar que esta no es como la interpretan muchas filosofías, que ven tal asunto como el momento en que un alma ingresa a un sistema de estudio filosófico. Es importante aclarar que la *iniciación* espiritual representa el instante en el cual la *esencia divina del ser* ingresa conscientemente a los planos de la *luz*, y es allí donde comienza su desenvolvimiento en los otros mundos, en los planos del espíritu. Para el caso, el alma debe presentar tal depuración que le permita ser digna de alcanzar ese propósito. Jesús, en los evangelios, les explica a sus discípulos el grado de la iniciación, al hablarles acerca de Juan el Bautista.

> 27. Este es de quien está escrito: "He aquí, envío mi mensajero delante de tu faz, el cual preparará tu camino delante de ti".
>
> 28. Os digo que, entre los nacidos de mujeres, no hay mayor profeta que Juan el Bautista; pero el más pequeño en el Reino de Dios es mayor que él.
>
> *(Lucas, 7:27-28)*

El yo y la destrucción de demonios

Es claro entender que Juan el Bautista es un iniciado, alguien que entró conscientemente al Reino de los Cielos, donde comparativamente con los seres que allí residen es el que viene llegando y aprendiendo de un nuevo reino para él.

El sendero iniciático es tal cual como los diferentes y escarpados grados de una universidad. Cada nivel tiene sus exigencias y también sus logros. Es mentira que un *ser* pueda desarrollarse en una sola vida; el proceso es largo, conlleva varias encarnaciones. La escalera al Cielo es larga, y cuanto más se sube en ella, más temblorosas se ponen las piernas. Se conocen casos de deserción en este sentido, pero son más los que han alcanzado la gloria de sus esfuerzos y han contemplado la *Casa de Dios*, la morada del espíritu donde vivirán eternamente como energía divina. Solo retornan aquellos que en el amor por las almas aprisionadas, nosotros, se esfuerzan por regresar y enseñar el camino de retorno a Dios. A estos los conocemos por maestros.

Por lo anterior, declaro que todos los procesos en la búsqueda de nuestra identidad espiritual son importantes, todos los cultos son necesarios y todos los guías de los distintos credos tienen un papel importante en el desarrollo de estos.

Fueron muchos quienes desearon aprender las sagradas enseñanzas de Jesús, mas el *Divino Maestro* solo aceptó a doce de ellos; los demás no estaban preparados para emprender los altos estudios en su círculo cerrado de discípulos. A los demás, enseñó mediante sus pasos, sus sermones y sus parábolas. Ningún verdadero maestro acepta un discípulo si este no está preparado para ello, pues sabe que antes de hacerle un bien, le hará un daño a su evolución personal. Sería tanto como traumatizar a un niño que aprende a sumar llevándolo a realizar el cálculo de partículas en el espacio.

Cada individuo debe buscar el proceso por donde avanza su evolución. En ese sendero de búsqueda, su alma intuitivamente lo acercará adonde le corresponde. Es posible que en el proceso entre y salga de distintos grupos.

Los estudios de la astrología, la numerología y la quiromancia dan luz en el camino para comprender cuál es el avance de un caminante del sendero. Los expertos que proceden con seriedad en estas técnicas pueden informar qué corresponde al interesado y qué pasos debe seguir en su desenvolvimiento espiritual.

Haciendo un resumen, se comprende que cada alma avanza en su propia evolución. Es claro que pecamos de necios por querer introducir a alguien en un sendero X si a este no le corresponde seguirlo. El camino que lleva a alcanzar la *luz* o el sendero de retorno es un proceso de interiorización donde el ser humano se aleja de sus mecanismos de distracción, destruye sus propios demonios, se libera de los grilletes que impone su mente y se dedica a despertarse a sí mismo para buscar el Reino de los Cielos. En ese proceso, entiende que el camino se hace más liviano si siempre hace el bien, pues, por ley cósmica, bien regresará, y esto le ahorrará trabas en su caminar. El proceso es largo y la búsqueda termina con la iniciación, pero esta no es más que la puerta para emprender nuevos estudios y nuevos senderos en la Casa de Dios. Una vez recibido en el Reino de los Cielos, el iniciado se desenvuelve dentro de los mundos divinos y con el tiempo alcanzará la maestría, pero algo muy importante es que se irá conscientemente de este plano material, y si no tiene compromisos con la ley kármica no será obligado a regresar, salvo que sea su voluntad retornar para enseñar el sendero a otros.

Ahora que se comprenden muchas cosas, deambulemos un poco por el sendero que emprende el iniciado. Para ello es muy importante explicar, hasta donde me es permitido, cómo está organizado el *Reino de la Luz*. Para ello, trataré el tema de las *jerarquías espirituales de la luz*.

De allí provienen Jesús, los grandes maestros, todos los mensajeros y profetas. Ellos cumplen misiones, gracias al amor que estos *seres superiores* tienen por nosotros; vienen de la *Casa del Padre Celestial y Eterno a servir a la humanidad.*

La *Gran Logia Blanca*, los maestros de la *luz*, constituyen todo un orden jerárquico al servicio de la *luz de Dios*; así se ordena el universo y todo cuanto sucede en él. En este ordenado reino, existen ángeles y arcángeles, iniciados, maestros y otros títulos que no puedo confiar en estas letras. Todos ellos son quienes nos ayudan a entender los designios de la verdad y nos dejan pistas y claves acerca de los procesos que conducen a alcanzar la *Gloria*, la victoria, y esto se logra despertando la *luz* que llevamos dentro.

Encontrar las escuelas y sus prácticas iniciáticas es un privilegio, pero desarrollarlas dentro de sí, venciendo los obstáculos del inconsciente personal y el colectivo, es toda una hazaña. Son muchos los llamados, pero pocos los escogidos. Pero esta escogencia la hace el sí mismo.

Los antiguos hombres llamaron dioses a estos seres divinos, guías de la humanidad. Desde los orígenes del ángel en este reino de materia, siempre han estado dispuestos al servicio y ayuda de todo aquel que lo solicite. Sanan enfermos, asisten en los hospitales, guían a los desencarnados, escuchan nuestros ruegos y nos ayudan en las situaciones de la vida y más, mucho más para ayudar al ser humano, los ángeles encarnados, a solucionar los factores de la vida. Pero lo más importante es que amparan el conocimiento sagrado que conduce a la Casa de Dios. Desde lo sutil hasta la guía que nos dan a los encarnados, los seres de *luz* nunca abandonan a sus discípulos, a quienes orientan y acompañan por el sendero para alcanzar su iniciación. Dijo Jesús a sus discípulos: *"El mayor entre vosotros será el servidor"*. Este mensaje sagrado dista mucho del comportamiento humano, ya que, en este reino, el más grande es servido como rey.

Todo el tiempo, los servidores de la *luz* abren caminos de enseñanzas, dadas desde lo más *sutil y divino* para que persista el anhelo de lograr el objetivo. Pero ¿cómo encontrar esto?

Las escuelas iniciáticas son escasas, como escasos son sus miembros. Son pocos los que realmente se ordenan para un camino de autosacrificio, con la virtud de alcanzar la libertad divina. Como enseñé antes, existen muchas criaturas empeñadas en ocultar la verdad y se esmeran por esconder al hombre su naturaleza. Es allí donde cobran sentido las persecuciones, la Inquisición, el oscurantismo medieval, la abolición de las culturas religiosas americanas y más. En el caso más moderno, la distracción al propósito se disfraza con el naufragio en literaturas que no conducen más que a bonitas ideas teológicas.

Una senda iniciática se reconoce porque no busca adeptos, no es pública y tampoco persigue fines de lucro. La verdadera senda exige disciplina, pues sin ella nada se logra, y esto representa una pérdida innecesaria de tiempo. Una orden o congregación iniciática posee una serie de disciplinas fundamentales para el avance y el desarrollo de sus miembros. Es liderada por un guía que conoce el camino y los procedimientos para transitar cada peldaño del sendero. Pero lo más importante es que, por lo general, es secreta y labora dentro del más profundo hermetismo. El silencio es la moneda con la cual se alcanza la sabiduría sagrada.

Existe algo muy importante que no obvian las verdaderas escuelas iniciáticas, y es que reconocen cuál es la metodología de trabajo que corresponde a cada región del globo terrestre. Ninguna escuela del sendero somete a sus discípulos a un trabajo que no esté de acuerdo con el flujo de las energías terrestres en esa zona del mundo.

Debido a las conformaciones magnéticas del suelo, las diferencias de razas y otras condiciones, cada cultura posee una metodología de trabajo diferente, pero que conduce al mismo objetivo. Todo trabajo por alcanzar la iniciación se emprende en el templo mismo, que es el cuerpo físico. Sin él no es posible labrar la *rosa*, el *loto* o la *esencia divina* que llevamos dentro. Por ello resulta muy importante saber cómo entonarlo en un todo armónico.

Para cada región existen los misterios iniciáticos adecuados a la cultura que allí se desarrolla. En algún momento de la historia, para cada una de ellas hubo de llegar algún maestro etérico o encarnado a enseñarles cómo se realiza la gran labor espiritual.

Se puede decir que cada región del mundo posee sus propios misterios iniciáticos, pero son pocas las que los conservan y realmente pocos quienes los entienden.

En este sentido, vale citar tres metodologías de trabajo diferente y de las cuales el hombre de Occidente no se ha percatado, porque no ha tenido claridad en este tema:

- La región asiática.
- La cercana al meridiano 0°: Europa, el Medio Oriente y el continente africano.
- El continente americano.

Para los tres casos existe un planteamiento diferente, en relación al trabajo espiritual, en virtud del cuerpo físico. Nadie toca en una trompeta la partitura de un piano y tampoco es posible hacer una ópera con campanas.

Cada instrumento tiene su utilidad. Del mismo modo ocurre con la fisiología astral del cuerpo físico. Para cada caso existe un método a seguir, y de esto se cuidan los verdaderos maestros, de no dar a sus discípulos lo que no les corresponde, puesto que antes de ayudarlos en el sendero desequilibrarían su sistema nervioso.

En Asia abundan las corrientes que enseñan el proceso sin temor a errores. En Europa son muchos los magos y también los maestros que han enseñado en las distintas escuelas iniciáticas, que no se confundieron orientalizando sus enseñanzas. Nosotros, los latinoamericanos, que tenemos un proceso parecido pero distinto a los europeos, teníamos las enseñanzas de los misterios en nuestras culturas indígenas, los mayas, aztecas, incas, chibchas, pero todo esto se perdió en las invasiones hechas por los europeos en tiempos de la conquista.

Como las jerarquías de la *luz* saben acerca de guerras, conquistas ambiciosas y demás, los sabios de todas las culturas han dejado estos legados en monolitos, escritos, símbolos, sistemas, juegos, piezas musicales, cuentos, mitologías, historias, libros sagrados y en todo sistema donde se puedan plasmar tales misterios. Por otra parte, envían a los distintos maestros a conservar, despertar y abrir paso a los misterios cuando estos son adormecidos por la inconsciencia humana.

En la India y en Oriente no es necesario eso, pues allí se conservan muy bien las enseñanzas, y los seres dedicados a la *luz divina* desarrollan sus enseñanzas en sus templos sagrados, guiados por los maestros que allí tienen. Los europeos han tenido que abrirse paso en medio de luchas y conquistas, religiones impuestas y procesos bélicos a lo largo de los dos últimos milenios; sin embargo, se ha sabido guardar el sagrado conocimiento en el seno de las escuelas iniciáticas, en las órdenes ocultas, como lo son, por ejemplo, las escuelas masónicas, templarias, rosacruces, albigenses, cátaras, iluminados y *golden dawn*, entre otras. Todas ellas poseen una conexión estrecha con algo que se conoce como el hilo rojo. Es un linaje que conserva los misterios iniciáticos en esta región del mundo.

Es la región de donde sobresalen grandes culturas dedicadas a la senda del camino espiritual, entre ellas, la egipcia, la etrusca, los nórticos, los celtas con sus druidas, los griegos y los judíos. También de allí surgen muchos maestros. Encontramos una larga lista de confiables fuentes, entre ellos, Jesús, Pitágoras, Platón, Valentino, Simón el mago, Estanislao de Guaita, Papus —doctor Gerard Encausse—, Therión —Aleister Crowley—,

Paracelso, Cornelio Agrippa, Jacobo Boehme, Juan Jorge Guitchel, Michel de Nostradamus, Jacques de Molay, Carl Gustav Jung, Huiracocha, Goethe y Nietzsche, entre otros.

Pero ¿qué ocurre entonces en relación al continente americano?

Los misterios iniciáticos relacionados con este suelo estuvieron expuestos en los monolitos arqueológicos, en los símbolos de las culturas originales y en algunas castas sacerdotales, como las mayas e incas aún existentes, pero ya en estas los misterios agonizaban. Las jerarquías de la *luz* dieron la tarea de despertar los misterios correspondientes a este suelo a un maestro que estuvo al lado de grandes ocultistas europeos. Esta labor fue encomendada al maestro Huiracocha.

Se trata del doctor Heinrich Arnold Krumm Heller, un alemán conocido en el gremio ocultista como Maestro Huiracocha. A este hombre le correspondió ir en busca de las culturas antiguas existentes en América. En su misión, otorgada por las *jerarquías de la luz*, recorrió todas las culturas antiguas, arrancando el secreto dejado por los ancestros del suelo americano. Desempolvó las ruinas y encontró los sistemas de trabajo correspondientes a este sector de la Tierra. Trabajó hasta dejar un vasto trabajo para el proceso de la autorrealización, el cual puede encontrarse en las órdenes iniciáticas que instauró a lo largo de todo el continente, como la *Fraternitas Rosicruciana Antiqua*. En el seno de estas y en las enseñanzas dejadas por el maestro Huiracocha se encuentra la metodología de trabajo correspondiente a nuestra fisonomía astral. Por desgracia, muchos de sus libros han dejado de editarse, porque no han tenido la comprensión necesaria acerca de la importancia de estos, pero sus sucesores conservan sagradamente las enseñanzas y el trabajo legado por este insigne hombre.

Es fácil comprender que la sabiduría divina nunca ha desamparado al hombre en su búsqueda de *la luz*, en su afán por llegar a ese reencuentro con Dios. Es solo cuestión de iniciar el camino y todo lo demás irá llegando desde los planos superiores.

Que cada quien sea feliz en su sendero, mas recomendaré siempre que busque en la meditación, como en sus oraciones personales, la senda que mejor ha de servirle y que se ajuste a su propio camino. Estoy convencido de que, mediante las oraciones, la *sabiduría divina* sabrá abrir las puertas de la escuela que a cada uno le corresponda, ni más alto, ni más bajo que su nivel. Muy seguro estoy de que el alma encontrará refugio y regocijo en el lugar que le corresponde. Que cada cual *haga siempre el mayor bien posible*; este es uno de los caminos para hallar sabiduría. Como expresa el maestro Huiracocha en su *Rosa Esotérica*: *"El bien abrirá los capullos de tu rosa; el mal te alejará a tal distancia que tal vez no se te permita de nuevo emprender el camino"*.

Para finalizar este capítulo, invito al lector a orar junto al hombre que conquistó la armonía en el mundo elemental, San Francisco de Asís, comprendiendo a cabalidad sus frases:
Señor: hazme un instrumento de tu paz.
Que donde halla odio, déjame mostrar amor;
donde haya injuria, déjame mostrar perdón;
donde haya temor, déjame mostrar fe;
donde haya desesperación, déjame mostrar esperanza;
donde haya tinieblas déjame mostrar luz.
¡Oh, divino Maestro, haz que yo no busque tanto ser consolado como consolar,
ser comprendido como comprender,
ser amado como amar.
Porque es en el dar que nosotros recibimos,
en el perdonar que nosotros somos perdonados,
en el morir en ti cuando nacemos a la vida eterna.
Amén.

Conclusiones

Esta obra, *El yo y la destrucción de demonios*, como ya se ha podido ver, explica con claridad la naturaleza íntima del hombre, su procedencia y el medio en el cual se desenvuelve. En ella, hemos podido aprender que existe una serie de universos paralelos ocultos a nuestra vista y que son los causantes de los mal llamados *fenómenos* que impresionan al ser humano, cuando esto no es más que un efecto del desconocimiento que se posee sobre esos mundos.

También se ha hecho luz acerca de las criaturas que allí pueden encontrarse, desde las más nobles y buenas hasta las más perversas, y que todas ellas interactúan con nosotros en este mundo material.

Se puso énfasis en que somos ángeles encarnados, encapsulados en la carne de nuestro cuerpo, viviendo una experiencia material, y que tal es la condición que nos involucra con la vida de las formas, pero que nuestra naturaleza real obedece a reinos superiores y en regresar a ellos radica el interés de nuestro espíritu por buscar filosofías, conceptos, credos y otros en el sendero que emprenden los buscadores. En este sentido, he sido claro en explicar que el sendero radica en clarificar los sentimientos, abandonar los demonios internos y emprender la senda, ya que esta guiará por el nivel correspondiente a los avances personales que cada cual posee. También expliqué que en todo momento se debe ser claro consigo mismo para luego enlistarse en el proceso de la sagrada iniciación. Esta es la vía que lleva de retorno al ángel para reunirse con Dios, su Creador; de tal modo, la existencia personal estará en orden.

La iniciación es un proceso en que se requiere no solo del conocimiento filosófico que conduce a ella, sino que, además, involucra un trabajo interno de autodisciplina y las labores bioquímicas internas que hacen de la naturaleza sexual una materia prima para la elaboración de vida lumínica en los otros vehículos que poseemos, pero esto no lo he tratado aquí, porque esta obra es acerca de nosotros. Esto, que se relaciona con la alquimia, lo trato en mis otras obras; en ellas puede encontrar lo relacionado con este interesante tema.

OBRAS PUBLICADAS

* *En el aura de Dios*. Obra editada en 1998, en Medellín, Colombia. Distribución personal.
* *Dios y la verdad escrita en números*. LibrosEnRed, Argentina.
* *Runas, el lenguaje de luz*. Editorial Humanitas, España.

EN PROCESO DE EDICIÓN:

* Los tres soles y la sabiduría fiel.
* Bereschit, el libro de Cábala de Mahalaet.
* El código Mahalaet.

Puede solicitarlas en mi página web: www.jolmantrujillo.com

APÉNDICE

Un apéndice es una extensión de algo. Este, por lo tanto, es una extensión de la obra *El yo y la destrucción de demonios*, en la que se trató acerca de la naturaleza visible e invisible que nos rodea.

Muchas veces, envié al lector a este capítulo con el ánimo de no salirme del tema de estudio. Aquí, trataremos temas relacionados con la magia. No repetiré cosas que ya existen, porque no tiene sentido; en tal caso, mejor remito al lector a las obras donde puede encontrar algún tema con mayor amplitud. Expondré apartes de mis investigaciones y descubrimientos, de modo que sea de ayuda en los senderos del conocimiento espiritual y funcione, como un aporte a la humanidad, de modo que le permita trabajar con la gran hermandad blanca desde este plano, ayudado por las diferentes fuerzas, tanto elementales como cósmicas.

Este anexo complementa la obra con enseñanzas muy útiles y que apoyan lo ya estudiado.

Antes de iniciar el tema de las recetas y los distintos métodos utilizados para los exorcismos, es necesario tener en cuenta los factores que ayudan a una buena operación mágica. Para tal propósito, la primera parte de este apéndice está enfocada en los conocimientos previos al trabajo con el reino elemental o el divino. Luego, vendrá el momento en que sea comprensible por qué se escoge un día o una hora adecuada para cada objetivo y por qué es necesario respetar esto. Solo así se puede actuar con conciencia, sin convertir esta obra en un recetario que desconoce el modo en que operan los distintos reinos. Quien ha podido comprender con claridad esta obra entenderá que es necesario considerar todo conocimiento preliminar antes de integrarse mágicamente con otros reinos.

Durante un buen espacio de tiempo, estuve meditando acerca de cómo organizar esta sección del libro, y finalmente llegué a la comprensión de que era necesario realizar un pequeño índice, el cual cumple con varias funciones.

Una de ellas es seleccionar los temas. Así, cuando se requiera recordar alguna receta o algún modo operativo, se puede ir directamente a este, sin tener que buscar en los distintos párrafos. La otra función radica en ligar este capítulo con lo prometido dentro de la obra. Y lo tercero, es que me permite llevar un orden coherente en la aplicación de los temas.

A continuación, el índice:
* *Los planetas, los colores y la magia*
* *Las regencias planetarias en el cuerpo físico*
* *Los números y los planetas*
* *Las esencias personales*
* *Los gobernantes cósmicos de la naturaleza terrestre*
* *Ayudas*
* *Recetas para limpiezas y exorcismos*
* *Receta para detectar hechizos*
* *Limpiezas con elementales*
* *Recetas limpiadoras*
* *Elementos de protección*

LOS PLANETAS, LOS COLORES Y LA MAGIA

Nuestro calendario gregoriano es más profundo de lo que sospechamos. Los antiguos definieron el orden de los días de la

El yo y la destrucción de demonios

semana de acuerdo con vibraciones planetarias y circunstancias de la magia superior. Las energías que gobiernan las distintas criaturas en nuestro planeta se dirigen por un orden especial, que en breve abordaremos.

Comenzaré por un tema simple, la teoría del color.

Grandes expositores del arte en la antigüedad incorporaron en sus trabajos la noción del color complementario, esto como un mecanismo que les permitiera a sus obras mayor realismo. El uso del color complementario tiene efectos secundarios en la psiquis humana y actúa como un promotor de energías subconscientes.

En primera instancia, demos un vistazo a los colores primarios.

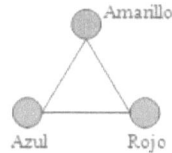

De la mezcla de los colores primarios surgen los colores secundarios. Uniendo colores en el triángulo primario aparecen tres nuevos tonos, y a estos los ligaremos con un triángulo descendente.

De la unión del amarillo y el azul surge el color verde. Del azul y el rojo surge el morado. Del rojo y el amarillo surge el naranja.

Estos son los colores secundarios. Con ellos y los primarios se forma la estrella del color.

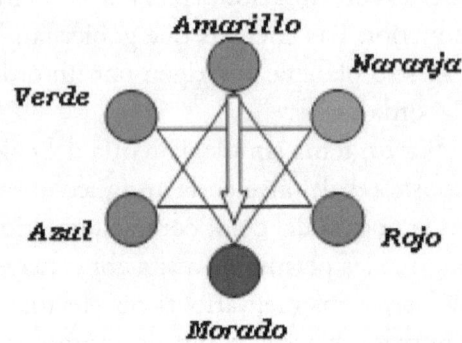

Se conoce por color complementario a aquel que se encuentra frente a cada uno de los colores primarios. Esta relación se establece en el dibujo con una flecha.

Del amarillo, el morado. Del azul, el naranja. Del rojo, el verde.

El detallista observará que en esta estrella, girando en sentido contrario a las manecillas del reloj, se encuentra el orden del espectro visible, el mismo que se puede observar a simple vista en el arco iris.

Toda aquello que es natural en su pigmento posee una traza de su color complementario. Leonardo Da Vinci tuvo en consideración este conocimiento.

Es difícil explicar las experiencias donde se puede comprender esto, pero, en el éter, las oleadas de energía se dan en gamas de colores fascinantes y lúcidos, donde el color se transforma en sonido y viceversa dentro de un todo armónico y agradable.

Las energías planetarias se sintonizan, por así decirlo, con esas emanaciones coloridas del éter universal. Es así que los astrólogos exponemos que las energías provenientes de los distintos astros se sincronizan con un color en específico.

Estas atribuciones son muy antiguas. Veamos la relación planeta-color.

Astro	Color
Sol	Amarillo
Luna	Blanco
Mercurio	Naranja
Venus	Verde
Marte	Rojo
Júpiter	Azul
Saturno	Morado

En la astrología original no se concebía la existencia de otros astros de vital importancia en estos estudios, como lo son Urano, Neptuno y Plutón; por esta causa, he decidido relacionarlos por separado.

Urano, el color turquesa. Neptuno, el color violeta. Plutón, el color rojo escarlata.

Las constelaciones zodiacales son el tema central de la astrología, y estas se encuentran estrechamente relacionadas con los planetas de nuestro Sistema Solar. En ese sentido, los antiguos astrólogos hablaron del planeta regente. En nuestro tiempo es más fácil considerar el hecho de que las emanaciones provenientes de las distintas constelaciones se sincronizan con las energías que proyectan los astros. En este caso, encontramos una nueva relación.

	Const.	Planeta	Color	Color		Const.	Planeta
♈	Aries	Marte	rojo	verde	♎	Libra	Venus
♉	Tauro	Venus	verde	rojo	♏	Escorpión	Marte
♊	Géminis	Mercurio	naranja	azul	♐	Sagitario	Júpiter
♋	Cáncer	Luna	blanco	negro	♑	Capricornio	Saturno
♌	Leo	Sol	amarillo	morado	♒	Acuario	Saturno
♍	Virgo	Mercurio	naranja	azul	♓	Piscis	Júpiter

Urano es corregente de Acuario. Neptuno lo es de Piscis. Plutón lo es de Escorpio.

Elaboré la tabla en ese sentido para que pueda observarse la relación entre los colores vinculados a una constelación y otra. Es el caso de Aries y Libra, por ejemplo, que integran el rojo y el verde, los cuales son complementarios. Veamos esto en el siguiente dibujo de las constelaciones zodiacales.

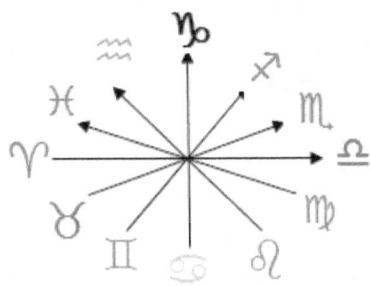

Nótese que el signo zodiacal que se encuentra al frente, en cada caso, presenta esa misma relación que enlaza a un color con su complementario.

Ya empezamos a comprender que el universo es más armónico de lo que imaginábamos.

Como vemos, según la visión de los antiguos sabios, los colores regentes tienen, en el círculo zodiacal, su correspondiente color complementario en la constelación que se encuentra frente a cada uno de ellos.

Comprendido esto, demos un vistazo a lo que acontece con los días de la semana.

Antiguamente, Occidente se regía por un calendario instaurado por Julio César en el año 46 a.C. Este se llamó calendario juliano. En el siglo XVI, el papa Gregorio XIII nombra una comisión para modificar e implantar un nuevo calendario. Fue en 1582 cuando se aprueba la reforma que puso en marcha el calendario gregoriano, el que ahora conocemos.

Se basó en los días de la semana bíblicos, que son siete. No sé de qué manera, si coincidente o no, pero esta elección está colmada de curiosidades, que, de haberse notado en aquellos tiempos, sus elaboradores hubiesen perecido en la hoguera, más cuando se trataba de un calendario impuesto por la Iglesia.

Lo primero es que los nombres de los días de la semana están en estrecha relación con los nombres de los dioses griegos y nórdicos. Ya en español o en inglés se verifica este particular. Además, tienen raíces de nombres de planetas.

Domingo	Sol	Sunday	día del Sol
Lunes	Luna	Monday	día de la Luna
Martes	Marte	Tuesday	día de Marte
Miércoles	Mercurio	Wednesday	día de Mercurio
Jueves	Júpiter	Thursday	día de Thor
Viernes	Venus	Friday	día de Freya
Sábado	Saturno	Saturday	día de Saturno

Antes presenté un cuadro donde los signos zodiacales respondían a una relación planeta-color, y en ella se vio que los colores complementarios corresponden a constelaciones opuestas. En astrología se dice que a cada signo le hacen falta las virtudes que posee su signo opuesto. De algún modo, esto es un complemento.

Ahora, al analizar el calendario gregoriano y el modo en que fueron seleccionados los días de la semana, podemos comprender que también allí se presenta este juego de la energía complementaria.

Apartando el día *domingo*, tenemos:

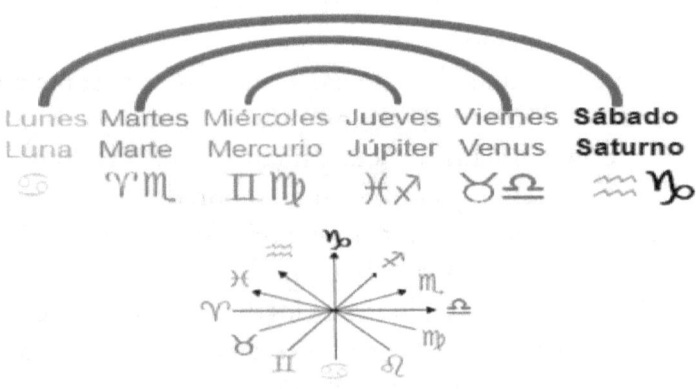

Parece ser que esta relación de orden no fue hecha al azar; tal vez fue alguna inspiración divina o se puede argumentar que quien la propuso tenía algún conocimiento de las vibraciones planetarias.

Otra relación más que se añade al tema de la vibración complementaria puede estudiarse en el orden consiguiente que tienen los planetas en nuestro Sistema Solar. De este surgen algunas explicaciones relacionadas a los mudras.[12] Por ejemplo, colocando el dedo de Venus —el pulgar— entre los dedos del Sol —anular— y de Saturno —central—, empuñando la mano, realizamos un mudra que cierra nuestra conciencia a cualquier invasión de agentes externos, además de que nos hace imperceptibles.

El orden en que giran los planetas en sus órbitas alrededor del Astro Rey es el siguiente:

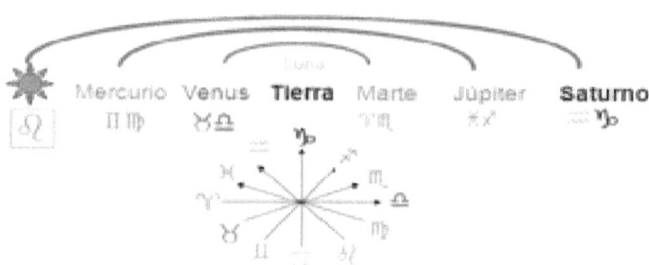

De nuevo, vemos reflejada esta situación particular. Esto nos permitirá comprender más adelante por qué ciertos procedimientos con los elementales deben realizarse en los lapsos martes-viernes, un día para la apertura y otro para el cierre.

Regresando al ejemplo del mudra, al colocar el dedo de Venus como lo expuse, este queda en el orden que el dibujo plantea. De un lado quedan los dedos del Sol y Mercurio, y del otro, los de Saturno y Júpiter. El que desee ahondar en esos estudios, utilice estos conceptos para comprender por qué

---

12 Estas son posiciones del cuerpo o de los dedos de las manos que conectan la conciencia interna con fuerzas externas, provocando estados especiales en la energía del ser.

tienen poder las posiciones sagradas. Los hindúes tienen en sus figuras muchos mudras.

Es fácil comprender que todo se encuentra relacionado entre sí y que la magia actúa por sincronía con las fuerzas cósmicas en relación con la naturaleza y las nuestras.

Aún hay más: este mismo concepto se encuentra relacionado con los vehículos que componen nuestro septenario y la relación que este tiene con los cuerpos celestes.

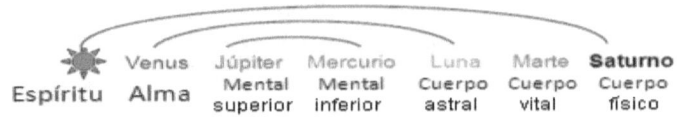

En este caso, vale la pena analizar que los siete vehículos de nuestro septenario presentan alguna relación armónica o competitiva.

El cuerpo físico es la cárcel del espíritu.

El alma y el cuerpo astral son los vehículos femeninos del ser, y su virtud radica en la sensibilidad de ambos.

Los dos mentales los hemos tratado al hablar de los dos *yo*.

El cuerpo vital es el que enlaza todo el conjunto, gracias al libre ejercicio de la respiración.

Nótese en todos los casos que en los extremos se encuentran localizadas las energías de Saturno y del Sol. Esto nos permitirá comprender por qué funcionan las limpiezas con huevos y por qué son tan eficientes en los asuntos mágicos. Los huevos tienen una corteza rica en calcio, el elemental de Saturno. Poseen, además, un centro proteínico, que es el núcleo celular, la yema, regida por la energía del Astro Rey. En el Sistema Solar es el Sol el que envuelve con su luz y con su campo magnético a Saturno; por ello, debería de ser al contrario, pero en eso estriba parte de por qué se produjo la vida celular en este plano: por un acto mágico que hizo que imperara la no correlación al sistema. Pero esto es muy difícil de explicar aquí.

Necesito agregar otro ingrediente, y se trata de los símbolos de los planetas; esto porque me encamino a relacionar los días de la semana, tal como los hemos visto, con la estrella mágica de siete puntas.

Astro	Símbolo
Sol	☉
Luna	☾
Mercurio	☿
Venus	♀
Marte	♂
Júpiter	♃
Saturno	♄

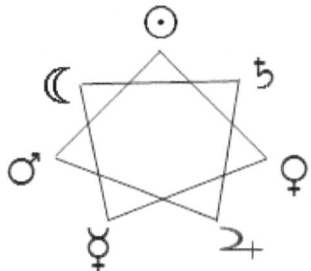

Esta tabla me servirá para reemplazar las letras por símbolos. En tal caso, ahora presento la estrella mágica que antes prometí.

En ella se estudian varios casos interesantes. Lo primero es continuar con nuestras analogías relacionadas al tema del color complementario. Se observa con claridad que dentro de la estrella podemos trazar cuatro niveles horizontales. El inferior lo conformarían los símbolos planetarios de Mercurio y Júpiter, ambos complementarios. El medio inferior lo contienen Marte y Venus. El medio superior, la Luna y Saturno, y, finalmente, encontraremos en la corona al Sol.

Con todo lo expuesto, me atrevo a decir que nuestro calendario gregoriano es más que un simple contar de los días y que de alguna manera sus elaboradores conocían ciertos procedimientos mágicos. Este orden proviene de la sabiduría egipcia y lo utilizaron antaño como almanaque los soldados romanos invasores de esa región. Nuestro almanaque se encuentra sincronizado con las energías cósmicas. De esto debemos valernos para realizar los distintos ritos mágicos.

Antes, expresé que la estrella de siete puntas presenta varios usos. Al hacer un recorrido en sentido antihorario, iniciando por el símbolo del Sol, tendremos el orden de los siete días de la semana. Pero si la transitamos por dentro, en dirección de las manecillas del reloj, nos encontramos con el recorrido de las horas planetarias que transcurren durante el día. Estos dos giros corresponden a las dos cruces gamadas, la esvástica y la sauvástica; la masculina y la femenina, respectivamente.

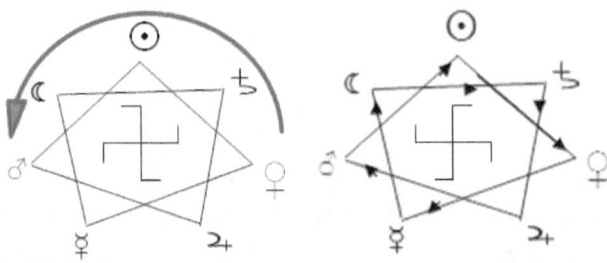

El tema de los días de la semana es fácil de contemplar, pero con relación al de las horas planetarias, debo de suponer que es algo que muchos recién ahora descubren.

Ya desde la antigüedad, los magos conocían acerca del gobierno de las distintas horas del día, a cargo de los genios planetarios; esto les permitió saber en qué momento les era viable hacer un uso adecuado de uno u otro elemental. Al respecto, haré una breve descripción de este tema.

ORDEN DE LAS HORAS PLANETARIAS

Sol, Venus, Mercurio, Luna, Saturno, Júpiter y Marte.

Estas son rotativas; es decir que luego de que ocurra la hora de Marte, de nuevo volverá la del Sol, precediéndola la de Venus, y así sucesivamente.

Para saber en qué hora planetaria nos encontramos, debemos utilizar la estrella de siete puntas, en sentido horario. Lo primero que haremos en ella será ubicarnos en el día de nuestra investigación. Por ejemplo, hoy es lunes, día de la Luna, y deseo saber a las 10 a.m. qué energía planetaria gobierna. Esta segunda estrella se recorre por dentro.

Inicialmente, me ubico en el símbolo de la Luna. Mi conteo comienza desde las 6 de la mañana, con la hora lunar. Siempre se inicia con el símbolo de la vibración del día. Siguiendo las flechas, paso por la hora de Saturno a las 7 a.m., Júpiter a las 8, Marte a las 9 y, finalmente, llego al Sol a las 10 a.m.

Un lunes, a las 10 a.m., tendremos el día de la Luna a la hora del Sol. Ambas energías, prósperas para compartir amenamente con la energía materna. Es un buen momento para socializar con las féminas y las damas tienen en este instante una gran proyección solar. Para el caso de algún rito mágico, este es el momento de operar con elementales regentes de la Luna, solicitándoles alguna actividad que involucre proyección solar o social. También sirve para unir las energías elementales regidas por estos dos planetas.

Esta estrella de siete puntas posee un gran poder protector. Ya en mis otras obras, he explicado ampliamente la razón que acompaña a las estrellas de cinco y seis puntas. Para no extenderme en este apéndice, remito a mis lectores a que ahonden en mis otros escritos, de vital importancia para quien busca el camino sagrado de su propia redención.

Con todo lo expuesto, puedo argumentar que la magia obedece a un sistema de sincronización con las fuerzas universales, donde el mago es el operador y tiene conciencia y sabiduría de cada fuerza, ya sea elemental o divina. Si conoce acerca de los momentos en que cada uno opera y respeta ese orden, obtendrá grandes resultados. Recuerde que fuera de nuestras fronteras mundanas, en los reinos divinos, todo es respeto y armonía.

Las regencias planetarias en el organismo

Ahora, daré a conocer de dónde surgen las relaciones planetarias que los astrólogos de la antigüedad dieron al cuerpo humano. Ellos las llamaron regencias. Estos análisis los he podido llevar a cabo tras un descubrimiento matemático en relación a la formación del organismo. Quizás esto ayude a las generaciones futuras a encontrar nuevos métodos de curación.

Otra de mis obras, *Los tres soles y la sabiduría fiel*, se refiere a lo trascendental de tres importantes centros energéticos que tenemos en el cuerpo físico, y estos son:

* El plexo solar, centro del sentir.
* La glándula pineal y el cerebro, centro del pensamiento.
* Las zonas sexuales, centro de la reproducción.

Allí se concentra la mayor cantidad de flujo sanguíneo en el ser y, por ende, la energía mental. Este es el material del presente estudio.

Desmitificando aquello de que el ombligo es la mitad de nuestra estatura, debo decir que, tomando una cinta métrica, el punto medio queda justo a la altura de la cabeza del fémur, en línea con las zonas sexuales o el bajo vientre.

Uniendo los dos conceptos del párrafo anterior, el ombligo y este punto medio, al tomar una distancia entre ellos, encontraremos un dato, una medida. Esta medida es una décima parte de la estatura general de un individuo. Por ejemplo, yo mido 1.80 metros. La mitad de ello son 90 centímetros. Estos se cumplen justo a la altura de la cabeza de mi fémur. Haciendo cortes horizontales, de allí a mi ombligo hay 18 centímetros, que es una décima parte de mi estatura.

Si tomo el ombligo como centro y trazo una circunferencia con radio de 18 centímetros, al lado opuesto a la zona sexual, que es el tercer Sol, me encontraré con el primer Sol, que es el plexo solar, lo que me indica que las vesículas seminales equidistan con el plexo solar por medio del ombligo.

Con este dato de los 18 centímetros, puedo dividir mi cuerpo en diez recuadros. Cada uno haga sus medidas para corroborar este hecho.

Esta misma medida resultante la podemos encontrar reproducida en varias zonas del organismo, en una persona con un IMC[13] normal. Por ejemplo, también es la misma medida que va de oreja a oreja.

Al hacer ciertas operaciones con el número áureo o la medida de la divina proporción, la que resulta de la fórmula matemática Phi, surgen particularidades muy especiales. Phi es una razón matemática cuyo resultado es un número irracional, y que proviene de la geometría plana y sus razones.

---

13   Índice de masa corporal.

$$\Phi = \frac{1+\sqrt{5}}{2} = 1{,}6180339887...$$

Muchos sabios de la antigüedad, jugando con él, descubrieron que en la naturaleza numerosas cosas se forman a razón de esta medida. Uniendo este número con mi descubrimiento, encontraremos algunas particularidades en relación a nuestro organismo.

Resulta que esta distancia especial del ombligo al punto medio del organismo, multiplicada por el número áureo, viene a dar por resultado aproximadamente la medida del pie, que es la misma distancia del codo a la muñeca.

En la astrología, heredamos de los antiguos sabios un tema llamado regencias del zodíaco en el organismo. Ya sabemos que las constelaciones zodiacales son doce y que en ellas se basan todos los estudios sobre astrología. De tal modo, es fácil encontrar que las distintas partes del organismo se encuentran gobernadas por un signo zodiacal. Así, tenemos:

Aries: la cabeza.
Tauro: el cuello.
Géminis: pulmones y brazos.
Cáncer: el pecho.
Leo: el corazón y el plexo solar.
Virgo: el abdomen.
Libra: la zona lumbar.
Escorpio: la zona sexual.
Sagitario: caderas y muslos.
Capricornio: rodillas y la región poplítea.
Acuario: pantorrillas y tobillos.
Piscis: los pies.

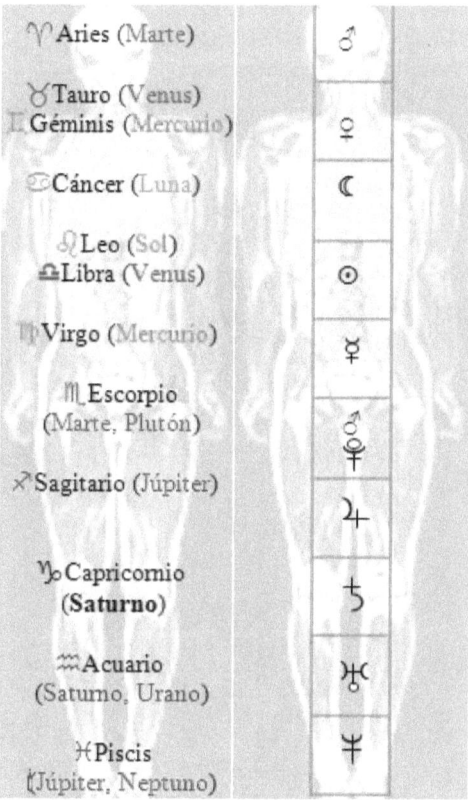

En la gráfica se han colocado las distintas regencias, mas al lado he ubicado el mismo organismo dividido en diez partes, como antes se sugirió, acompañado de las regencias planetarias que gobiernan los signos zodiacales.

En la siguiente lámina, realizaremos un barrido energético en forma de espiral, que ocurre desde el plexo solar. Lo haré enlazando los cuadrados y los numeraré de acuerdo con el paso de la espiral. Con ello, tenemos:

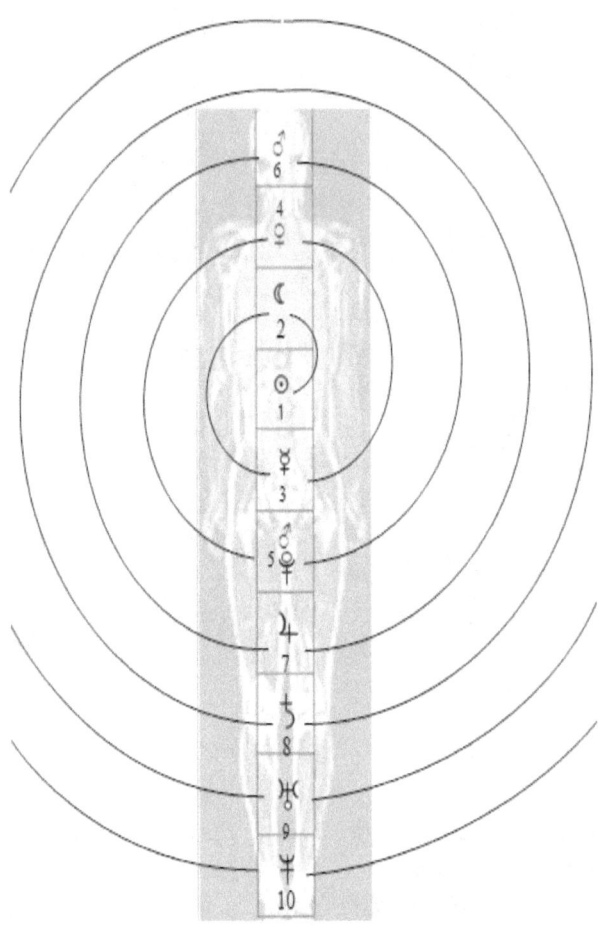

De estas interconexiones surgen cosas muy importantes. Una de ellas, y a modo terapéutico, es que muchas enfermedades, malestares o enajenaciones energéticas causadas por alguna mala vibración pueden ser erradicados si el sanador hace barridos o pases magnéticos con las manos, siguiendo esta espiral, y con mayor eficacia si conoce los mantrams de los planetas, los cuales debe hacer mentalmente, ya que estos nunca se deben publicar y nadie que no lo merezca los puede conocer. Recuerde siempre que se hace contrariamente a las manecillas del reloj; de tal modo, se encuentra liberando energías del cuerpo físico.

Ahora, utilizando la gráfica, me dedicaré a enseñar la relación entre los números y las energías planetarias.

Los números y los planetas

Algunas de estas relaciones número-planeta se plantean en uno que otro libro, pero nunca se dijo de dónde surgen. Algunos escritores vinculan al número uno con el Sol, el dos con la Luna, el tres con Mercurio, el seis con Marte, el siete con Júpiter, el ocho con Saturno. Es muy fácil encontrar estas atribuciones en los tarots, mas ahora tenemos un argumento de estudio basado en el microcosmos, en relación con la vibración de los números.

En mi obra acerca de numerología, *Dios y la verdad escrita en números*, enseño con claridad cómo usar estos números especiales, aplicados a los métodos numerológicos que allí describo.

Siempre existe una estrecha relación entre el micro y el macrocosmos. Detallando nuestra espiral, iniciando por nuestra estrella, el Sol, sin tener en cuenta la Luna, al recorrerla, nos encontramos con el orden de los planetas en el Sistema Solar.

- 1. Sol
- 2.
- 3. Mercurio
- 4. Venus
- 5. Marte
- 6. Marte

- 7. Jupiter
- 8. Saturno
- 9. Urano
- 10-Neputuno

Estrictamente, el orden planetario, con sus excepciones de la Luna y Plutón, todo esto en analogía con el Sistema Solar y las constelaciones zodiacales.

¿Sería una extraña coincidencia que los antiguos dieran estas regencias de constelaciones y planetas en la anatomía humana? Un antiguo adagio dice: *"Sicut est superius est inferius"*. En la sabiduría Rosacruz se habla acerca de un *Adam Kadmón*, un hombre que representa el Sistema Solar en su cuerpo. Quizá más adelante se considere que nuestra formación fetal obedece a razones matemáticas como la espiral, la elipse y los círculos. Nosotros somos la geometría sagrada. El organismo se desarrolla en forma fractal, dentro de un barrido espiralado, muy similar al crecimiento de los caracoles.

Recordemos que vivimos en una galaxia en forma de espiral. En nuestro Sistema Solar, las órbitas de los planetas se dan en forma elíptica y en nosotros barre de nuevo una espiral. Somos una repetición del universo, hechos a escala.

En mi obra *Los tres soles y la sabiduría fiel*, explico que el plexo solar es nuestra base de conexión e inicio del recorrido de la energía divina en nosotros. Por otra parte, ese recorrido interno, con algunos velos, lo expreso en mi otra obra, *Runas, el lenguaje de luz*, y con todo ello se hace fácil comprender a los alquimistas de todos los tiempos, al darles un valor importantísimo y esencial a los procesos iniciáticos, los mismos que en la antigüedad fueron el eje fundamental y el propósito primordial de todos los sabios y de la mayoría de las culturas.

Para los terapeutas, aquí hay más material de trabajo si lo estudian con detenimiento, pues cada una de estas partes se encuentra gobernada por un color, un sonido o mantram, cristales, metales y símbolos asociados.

Para mis hermanos buscadores del sendero, estudien la relación de los tatwuas con los cuadros y comprenderán el porqué de los elementos asociados a dichos tatwuas. Estudien *El tatwuametro o las vibraciones del éter*, del maestro Huiracocha; así entenderán a qué me refiero.

Para los aspirantes a magos, aquí también hay cómo escudriñar una relación existente con los cuadrados mágicos de los planetas, la relación con otros centros internos y la conexión entre ellos.

Creo que ya he dicho demasiado, como también creo que estos cuadros, al igual que los círculos y elipses, conformarán una ciencia importante en el futuro para el conocimiento y solución de muchas enfermedades. Esto cuando el hombre haga un buen uso de los conocimientos acerca de la naturaleza elemental, cuando se interese por revisar las famosas curaciones de Paracelso, hechas con la ayuda de metales, y vea en la cristaloterapia y la aromaterapia herramientas importantes que, aplicadas a la espiral-hombre, resultan muy eficaces en distintos tratamientos.

LAS ESENCIAS PERSONALES

Estudios científicos han demostrado que las personas son atraídas unas a otras por olores imperceptibles, que provocan especiales reacciones bioquímicas en el organismo. Muchos de esos análisis están basados en la producción de feromonas u hormonas sexuales. Por otra parte, la ciencia alternativa, con sus estudios sobre el iris ocular, determina que este se dilata al encontrar un perfume que sea adecuado a las vibraciones de la persona en estudio.

Para complementar lo anterior, debo expresar que en la astrología existe un método que nos permite arribar a la elección de ese perfume personal y sin temor a equivocarnos.

Al acaecer una vida, el ser deja una serie de estados vibratorios acordes con sus actos y emanaciones a lo largo de su existencia. Esto, que es como un balance general energético, es lo que el humano se lleva al momento de partir. Con este cúmulo de energías se programa una nueva encarnación, pero esta no se dará hasta el momento en que se sincronicen sus energías microcósmicas con las macrocósmicas, y así, por sincronía, pueda entrar de nuevo en este mundo.

Cada persona, al nacer, hace un clic con el universo y sus fuerzas; es decir, se impregna energéticamente de las emanaciones cósmicas provenientes de los astros, y esta impresión se corresponde exactamente con las vibraciones kármicas que trae desde su pasada vida. Nadie nace al azar; cada individuo nace en el justo instante en que las fuerzas cósmicas le otorgan su karma.

Al realizar la carta astrológica de un individuo, podemos encontrarnos con el mapa de vida de este, el mismo que trae dibujado en las manos, en la frente, en los pies y en la forma del rostro. Todo lo allí escrito energéticamente corresponde de manera exacta a las condiciones particulares de él. Todos traemos el mapa de nuestro destino con nosotros, aunque la masa cultural se empeñe en negarlo. Mas Dios, en su infinita sabiduría, nos envía con nuestro itinerario escrito en el cuerpo, además de que nos proporciona el conocimiento del cosmos para indagar sobre lo mismo.

Las constelaciones zodiacales son doce y se vinculan con las cuatro grandes fuerzas terrestres, que son los grupos elementales. El siguiente cuadro presenta esta relación:

FUEGO	♈ Aries- ♌ Leo- ♐ Sagitario
TIERRA	♉ Tauro- ♍ Virgo- ♑ Capricornio
AIRE	♊ Géminis- ♎ Libra- ♒ Acuario
AGUA	♋ Cáncer- ♏ Escorpio - ♓ Piscis

En todo momento, los distintos astros vistos desde la Tierra se encuentran ubicados en dirección a una u otra constelación. Al nacer, recibimos la visita energética de esos astros, con todas las características energéticas que proyectan de la constelación que tienen detrás.

Para el estudio de los perfumes personales, así como de los números personales que doy a conocer en mi obra *Dios y la verdad escrita en números* y de las runas personales en mi otra obra, *Runas, el lenguaje de luz*, se hace necesario establecer cómo se encuentran distribuidas las diez emanaciones astrales en los distintos grupos elementales. Para ello, es necesario analizar esas fuerzas planetarias en las distintas constelaciones.

Las diez fuerzas en cuestión son las del Sol, la Luna, Mercurio, Venus, Marte, Júpiter, Saturno, Urano, Neptuno y Plutón. Alguno se preguntará qué sucede con Quirón, el nodo norte, el nodo sur y otras tantas novedades astrológicas. Debo exponer que, si bien son fuerzas anexas, sus genios planetarios laboran obedientes a la actividad del astro al que sirven y, en conjunto, actúan en la conformación física del ser.

De mi obra acerca de numerología extraigo un ejemplo que ayudará a comprender cómo se analiza y se extrae el dato que requerimos para encontrar el perfume personal.

En este mapa es fácil reconocer las posiciones de los planetas y, dentro de ese concepto, saber cuáles se encuentran en constelaciones de fuego, tierra, aire o agua. Un astrólogo o cualquier programa de astrología le dará esta información con solo añadir sus datos.

Expondré un ejemplo para que nos sea de fácil comprensión el tema.

Nace un individuo el 14 de enero del año 2008, a las 10.05 a.m., en San José, Costa Rica. Queremos saber cómo se encuentra el mapa celeste para esta fecha. Consultando un programa de astrología, observo en el diagrama y me doy cuenta de que los planetas se encuentran proyectando sus fuerzas hacia la Tierra en las siguientes posiciones:

En dirección a la constelación de Aries, encontramos a la Luna. ☽

En dirección a Géminis se encuentra el planeta Marte. ♂
En Virgo, encontramos a Saturno. ♄
En Sagitario, a Venus y a Plutón. ♀ ♇
En Capricornio, a Júpiter y al Sol. ♃ ☉
En Acuario, a Mercurio y a Neptuno. ☿ ♆
Y en Piscis, a Urano. ♅

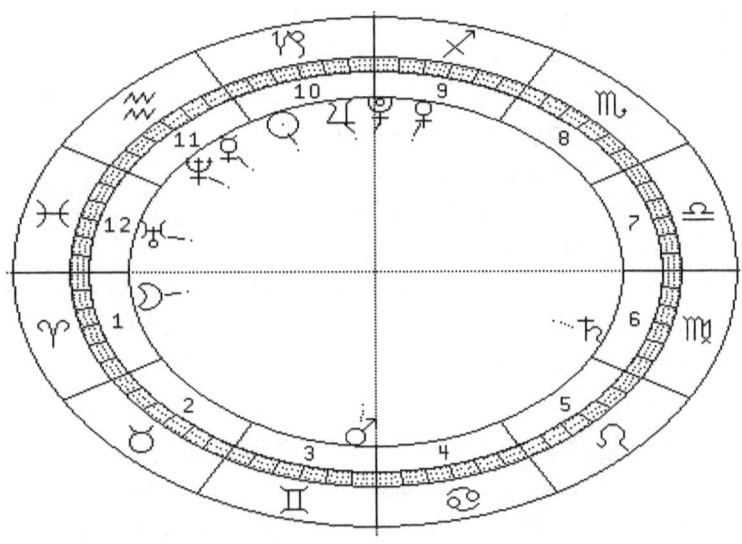

La siguiente tabla resume la relación planeta-elemento.

Símbolo	Signo	Planeta	Elemento
♈	**Aries**	La Luna ☽	Fuego
♐	**Sagitario**	Venus ♀	
♐	**Sagitario**	Plutón ♇	
♍	**Virgo**	Saturno ♄	Tierra
♑	**Capricornio**	Júpiter ♃	
♑	**Capricornio**	Sol ☉	
♊	**Géminis**	Marte ♂	Aire
♒	**Acuario**	Mercurio ☿	
♒	**Acuario**	Neptuno ♆	
♓	**Piscis**	Urano ♅	Agua

Resumiendo:

En fuego se encuentran: la Luna, Venus y Plutón.
En tierra se encuentran: Saturno, Júpiter y el Sol.
En aire se encuentran: Marte, Mercurio y Neptuno.
En agua se encuentra: Urano.

Como astrólogo, hago una aclaración importante: los cuerpos celestes que consideraremos en nuestro estudio son los que se refieren a las fuerzas planetarias. En este estudio no se pueden considerar las añadiduras que han hecho de la astrología una sopa de fuerzas.

Me refiero a las influencias secundarias, como la rueda de la fortuna, Lilith, los nodos y otros. De considerar estos conceptos, el cálculo sería errado. La razón se encuentra en el modo de operar de los genios planetarios.

Para nuestro ejemplo, tenemos que en el elemento donde se halla menor presencia planetaria es el agua. Los demás elementos se encuentran equilibrados entre sí, tres por cada elemento.

Por lo tanto, para ese día 14 de enero del año 2008, los elementos fuego, aire y tierra presentaban una vital potencia en la naturaleza elemental del planeta. Esto hace que las energías asociadas a estos reinos elementales tengan propiedades especiales.

Con esta información, podemos seleccionar un perfume adecuado a este individuo nacido con tal orden planetario. Pero ¿cómo saber cuáles son los perfumes afines a las vibraciones del fuego, el aire, la tierra o el agua?

Los aromas esenciales normalmente se caracterizan por ser intensos, dulces, amargos o suaves.

Catalogándolos, tenemos:

- **Fuego:** intensos, como la canela, el limón, el clavo de olor, el ajo y la naranja, entre otros.
- **Tierra:** amargos, como el sándalo, el pino, el eucalipto.
- **Aire:** las fragancias dulces y suaves, como el jazmín, la rosa, la almendra suave, el coco, la vainilla.
- **Agua:** aromas suaves, como el clavel, la rosa, la lavanda, el durazno, la menta.

Al individuo en estudio le viene bien cualquier esencia de los elementos de fuego, aire o tierra. Sin embargo, en este caso se inclina la balanza hacia el elemento tierra, porque allí se encuentra su Sol.

Si alguno presentara en su mapa natal que su elemento más visitado es el agua, sin importar que su Sol esté en un signo de aire, por ejemplo, entonces le corresponde una esencia del elemento agua.

A tal individuo le haría bien una esencia de clavel, rosa, lavanda, durazno o menta.

Cada uno tome su mapa natal y estudie cómo se encuentran distribuidas sus fuerzas planetarias. Consulte un astrólogo o descargue un programa de la web para hacer estos cálculos. Luego, con métodos quinesiológicos, puede verificarse la esencia que cada quien requiere. Puede ser usada en la sanación, en la recuperación, en la eliminación de demonios, exorcismos, autoayuda o simplemente para conectarse con el entorno de un modo más eficaz.

Además de las distintas terapias, es una ayuda valiosa en la relajación y la armonización de energías elementales del individuo. Pero estos estudios van más allá. Yo, en lo particular, también experimento que las letras de los distintos alfabetos sagrados y mágicos, como las runas, el hebreo, el egipcio y el griego, es posible polarizarlas y distribuirlas en estos cuatro grupos elementales, por lo que para cada individuo existe un arreglo cabalístico de letras sagradas especial que le da fortaleza y protección. Con ello, sostengo que muchos talismanes son personales. Esto lo puede estudiar en mi obra *Bereschit, el libro de Cábala de Mahalaet*. También los mantrams actúan de forma personal, pero en esto debo guardar silencio, mas quien esté ávido por descubrirlo que abra sus ojos y lo encuentre.

LOS GOBERNANTES CÓSMICOS DE LA NATURALEZA TERRESTRE

Ya hemos visto que los elementales son criaturas que existen en otros universos vibratorios. Pero estas criaturas son gobernadas o influenciadas de alguna forma por las fuerzas planetarias que les atribuyen su poder. Es muy difícil clasificar a todas estas entidades de los distintos reinos: mineral, vegetal, animal y fungi. Pero conociendo las virtudes de algunas de ellas se logran grandes resultados. Además, si sabemos acerca de las características de la energía que las rige, entonces podremos saber para qué sirven. Recuerde siempre que para no violentar el libre albedrío debe brindar cualquier ayuda, siempre con el consentimiento del otro.

Es importante resaltar que algunos elementales se encuentran regidos por una, dos o más energías planetarias. Hago esta salvedad por si encuentra que se repite el nombre de alguna piedra, mineral o vegetal como regente de otro astro. A continuación, las fuerzas planetarias y sus gobiernos sobre los elementales correspondientes.

Sol

Los elementales buenos, regidos por el Astro Rey, aportan protección y brillo espiritual, asistencia en las relaciones sociales, motivan el arte y la ayuda al otro, el bien y el servicio. Son elementales que, en lo particular, armonizan los espacios donde se encuentran. Reconstituyen la energía vital y espiritual en el individuo.

En los vegetales, encontramos girasol, el botón de oro, las margaritas amarillas, la uva, las rosas, la ruda, el trigo y el maíz.

En los minerales, el oro. Entre las piedras, ojo de tigre, ámbar, citrino, aragonita, calcedonia, berilo amarillo, mica verde, rosa del desierto, pirita, mica morada, rubí, zoisita y fluorita violeta.

El oro es un elemental poderoso para proteger ante cualquier influencia psíquica. Repele ataques mágicos, al punto de reventarse. Además, fortalece las energías personales. Gobierna sobre el corazón y el plexo solar.

Luna

Las energías lunares rigen sobre los elementales que son muy sensibles y normalmente armónicos. Los elementales lunares ayudan a proteger el organismo, fortaleciendo el sistema inmunológico ante el ataque de virus y bacterias. También promueven las buenas relaciones maternales, ayudan en la producción de leche y sensibilizan a todo aquel que tenga un corazón duro y egoísta.

Entre los vegetales, la flor de saúco es eficaz para incrementar la producción en el sistema de defensas del organismo. Es importante considerar que no se recomienda el consumo de las hojas del saúco, solamente su flor, que, dicho sea de paso, tiene forma de estrella de cinco puntas. Si alguno quisiera meditar contemplativamente, augúrese ello acompañándose de elementales lunares.

También de regencia lunar son: el lirio blanco o nenúfar, el árbol de corcho y la avena.

En los minerales, la plata es gobernada por la energía lunar.

Entre los cristales, piedra pómez, talco, cuarzo ahumado, haulita, celenita, cuarzo cristal, cuarzo negro, cuarzo blanco y piedra luna.

Gobierna el sistema inmunológico.

Mercurio

Los buenos elementales de Mercurio ayudan a tonificar el sistema nervioso, además de que lo preservan de enfermedades. Ayudan en la solución de problemas relacionados con el cerebro, afecciones a los riñones, sistema urinario en ambos géneros y la próstata en el hombre. Favorecen en los negocios y dan protección ante los vándalos.

Entre los vegetales, el eneldo, el tomillo, el hinojo, la avena, las almendras, el almendro, el anís y la menta.

El mercurio líquido como metal —pero tenga en cuenta que es radiactivo—.

Entre los cristales, ágatas, ágata cornalina, rosa del desierto, malaquita y ágata dendrica.

Gobierna el sistema nervioso.

Venus

De las regencias venusinas podemos esperar armonía y paz, lo mismo que éxito en las conquistas y relaciones sentimentales. También, muchos elementales venusinos resultan ser sorprendentes protectores ante malas entidades, tal es el caso de la verbena y el saúco.

Entre los vegetales, las rosas, la albahaca, la verbena y la rosa de Jamaica. Estos son muy útiles para solucionar problemas renales. Como diurético, vale la pena recomendar el hinojo.

El maestro Papus avisa en su especial obra *Tratado elemental de magia práctica* que la verbena, colocada en cualquier espacio, cuida de ellos, evitando que las malas entidades se posen en él. Sembrada en una casa, la preserva de malas energías. Yo la recomiendo mucho acompañada de rosas como baños para causar buenas relaciones con los demás. También para armonizar asuntos afectivos.

El metal de Venus es el cobre.

Entre las piedras, opalita, cianita azul, rodocrosita, malaquita, rubí, cuarzo rosa y fluorita violeta.

Gobierna el tejido conjuntivo y participa activamente en las glándulas endocrinas y exocrinas.

Marte

Los elementales marcianos son de gran utilidad en la destrucción de malas energías. Son eficaces combatientes y arrasan por doquier los elementales nocivos y las entidades perjudiciales. Tal es el caso del ajo, muy utilizado por los chamanes americanos como protector, además de que ahuyenta toda criatura indeseable del astral.

También son muy efectivos en la recuperación de la salud perdida, pues muchos de ellos son antisépticos y antibióticos naturales. Entre ellos, el ajo, la cebolla, el limón y la canela.

En el reino vegetal, tenemos la canela, el clavo de olor, la pimienta, el romero, la altamisa, el limón, los cítricos, la manzana, la sal en una corregencia con Saturno, la lenteja, el ajo macho, la flor de ajo, los frijoles, la sábila, la cebolla y el árbol de roble. Para erradicar un virus o protegerse de cualquier entidad, utilice cualquiera de estos en baños, tomas o simplemente colocándolos en los cuartos detrás de las puertas.

El hierro es el metal regido por Marte. Nuestra sangre es rica en hemoglobina; de su abundancia depende nuestra actividad. La anemia es una enfermedad ocasionada por falta de hemoglobina o hierro en la sangre. Cualquiera de estos elementales proporciona energía marciana. Lo más simple es dejar lentejas en remojo durante varias horas y luego tomar esa agua. El exceso de hierro produce una enfermedad llamada policitemia, además de que torna a las personas coléricas y agresivas.

Entre los minerales, tenemos zafiro, diamante, azurita, granate, pirita, mica morada, unakita y acerina.

Una cruz de hierro no permite el arribo de malas energías. Portar una pirita o un ajo macho resulta un poderoso pararrayos ante las malas intenciones de otros.

Gobierna sobre la sangre.

JÚPITER

Sus elementales promueven la abundancia, la generosidad y la buena suerte. Sus ayudas se verifican en logros económicos y en la solución de problemas digestivos y hepáticos. Promueven, además, la filosofía.

Entre los vegetales, tenemos la caña de azúcar, el bambú, la sandía, la calabaza, el puerro y la berenjena.

El metal es el estaño.

De las piedras, labradorita, iolite, malaquita, mica morada, aventurina o cuarzo verde, unakita, ónix azul, fluorita violeta y lapislázuli.

Gobierna sobre todos los músculos y el hígado.

Saturno

Los elementales de Saturno son, por lo general, absorbentes. Es el caso de los pinos y eucaliptos, que absorben energías densas del ambiente y las transforman en trementina, una sustancia que los ayuda a esterilizar el suelo; de este modo, complacen su egoísmo elemental, ya que no soportan la invasión de su territorio. Por esta razón, lo regido por este planeta resulta una herramienta efectiva para absorber malas energías, problemas emocionales, desilusiones, desamores y todo tipo de frustración. Algunos terapeutas recomiendan a sus pacientes afligidos abrazar un árbol de pino para descargar sus aflicciones.

Se debe ser cuidadoso de no usarlos por mucho tiempo, porque de tal modo el individuo se torna áspero, melancólico y taciturno.

Estos también otorgan serenidad y concentración.

En el reino vegetal, tenemos el eucalipto, el pino, el ciprés, la araucaria, el coco, la albahaca en compañía de la Luna y Venus, y el carbón en compañía del Sol y Marte.

El metal es el plomo.

En el reino mineral, encontramos acerina, calcedonia, ónix negro, obsidiana negra y turmalina negra. Del ónix se debe dar una advertencia: es demasiado absorbente, lo cual le otorga propiedades especiales, pues cuando un lugar se encuentra muy denso energéticamente, colocarlo tendrá la virtud de sanear dicho espacio, pero portarlo consigo tiene sus inconvenientes; el caso es que, al mezclarse entre la gente, irá absorbiendo de las personas sus estados depresivos, sus tristezas y melancolías, lo que, al cabo de un rato, traspasará al individuo, convirtiéndolo en una persona pesada y sin aspiraciones.

Cuando alguno esté en períodos de desamor, coloque en el canal de Venus acerina o turmalina negra para absorber la emocionalidad de esa energía. Esto puede hallarse en la carta astrológica, con la posición de dicho astro. Por ejemplo, si en la carta astral de alguno, buscando a Venus, se lo observa en la constelación de Virgo, en el vientre debe colocar estos canalizadores. Recuerde: antes coloque un grafico con las zonas regidas por las constelaciones.

Es muy importante exorcizar estas piedras todos los días. El modo más efectivo radica en colocarlas toda la noche en agua con sal, mejor si es marina.

El maestro Reshai, hace algunos años, me recomendó que utilizara un trozo de plomo sobre el plexo solar para combatir una terrible aflicción afectiva, y resultó ser muy eficiente. Ahora comprendo que cerró mi canal emocional, estabilizando mis ansiedades. Desde entonces, a todo aquel que padece a causa de lo mismo le recomiendo este secretito para sanar su alma y equilibrar su vitalidad. Resulta peculiar que se caliente de manera sobrenatural, pero en el término de una o dos semanas las personas se encuentran estables, quizá con su duelo y tristeza, pero anímicamente más firmes.

Gobierna el sistema óseo.

Urano, Neptuno y Plutón

De las regencias de estos tres últimos astros es poco lo que se conoce, pues los astrólogos de la antigüedad no los consideraban y en su mayoría ni sabían de su existencia. Pero es importante resaltar algunos descubrimientos que, guiados por la astrología, he dado a mis consultantes y han resultado de gran ayuda.

Los elementales de Urano

Si bien he dicho que es poco, lo poco también se comparte. Para solucionar problemas de rebeldía y desobediencia en los niños es bueno fabricar una pulsera de cobre con incrustaciones de aguamarinas o turquesas. Con esto, podrán ayudarlos a ser más creativos y menos rebeldes. Aunque el cobre es venusino, se armoniza bien con otras regencias elementales. Colocar piedras de aguamarina con pirita en el camino de las arterias principales estimula la buena circulación sanguínea.

Las piedras asociadas a Urano son fluorita, amazonita, turquesa, aguamarina, unakita, cuarzo negro, ónix azul y fluorita violeta. Todas ellas fomentan la creatividad y la independencia.

Gobierna sobre el sistema arterial y venoso.

Los elementales de Neptuno

Nuestra psiquis es regida por este astro. La psiquis es la resultante de la lucha entre el mental superior y el mental inferior. Decimos que alguien es psíquico cuando el mental superior aflora sobre el inferior, convirtiéndolo en intuitivo o perceptivo. La clave para obtener una buena psiquis radica en permanecer dentro de la verdad. Es simple: el Reino de Dios es siempre verdadero; el de la oscuridad está colmado de mentiras. Del individuo depende con cuál se sincronice. *"La verdad os hará libres"*, dijo Jesús. Tomando esto en forma literal, debo exponer que, al sintonizar con los reinos divinos, se abre una ventana para ver con transparencia lo que ocurre más allá de nuestra vista. Lo bueno o malo que traemos en relación a esa energía puede descubrirse en la carta astral con las relaciones positivas o negativas que tenga Neptuno en nuestro mapa natal. Esas mismas avisan sobre cuál es el estado espiritual evolutivo de un individuo.

Todo aquello que afecte la psiquis, como delirios, nervios, malos sueños, psicosis, traumas, obsesiones, locura y trastornos mentales puede ser contrarrestado con la ayuda de los elementales de Neptuno. Sirven, además, para proteger ante fantasmas y criaturas invasoras del astral.

La amatista es una piedra protectora. Yo pude corroborar este hecho. Una noche, mientras dormía, vinieron a sorprenderme algunas entidades. Previo a esto, vi alrededor de mi cama una serie de niñitos luminosos de color púrpura que rondaban diligentemente. En el acto, pude ver que una luz divina me protegía, así como también la presencia de muchos seres en mi ayuda. Dos días más tarde, al realizar una terapia de cristales, cuando quise usar las amatistas observé en ellas fuertes manchas de diversas formas y tonalidades infiltradas dentro del cristal. Cuando las compro, siempre reviso que estén cristalinas, por lo que me pareció algo curioso. Entendí que las amatistas capturaron los efluvios o energías de esas entidades del astral, por lo que reitero hasta el cansancio el poder protector de la amatista. Luego de ello, las lavé en agua con sal y las devolví a la naturaleza.

Aprovecho para explicar que cuando se deja de usar algún elemental, por cualquier causa, es menester devolverlo a la naturaleza, de igual modo un cristal que un vegetal. En el caso de los baños, luego deben llevarse los despojos a la naturaleza, donde los elementales volverán a reintegrarse. No los bote a la basura.

Para los que padecen de insomnio, pueden tomar agua de cilantro o hacer una almohadita blanca con cuarzos blancos y amatistas, que se debe colocar debajo de la almohada habitual. Lo más simple es comprar un par de calcetines blancos y llenar uno de ellos de estos cristales. Cada semana deben descargarse, dejándolos en agua con sal. Ha sido de grandes resultados el aconsejarlo, en especial para quienes padecen de malos sueños, pesadillas y perturbaciones nocturnas. Cuando se trata de ataques nocturnos, una cadena de ajos, veintiuno en total, entrelazados y puestos debajo del colchón, ahuyentará toda entidad maligna que se acerque. El maestro Papus recomienda en su libro *Cómo combatir los maleficios* colocar carbones debajo de la cama y, al cabo de unos días, cambiarlos. También ayuda rodear la cama de amatistas. Los niños son las principales víctimas de estos desórdenes.

Las plantas psicotrópicas son del gobierno de Neptuno: hongos alucinógenos, yagé, peyote, ayahuasca, marihuana, coca y flor de amapola.

Las piedras asociadas a este astro son amatista, cianita azul, celestita, turmalina rosa, granate, malaquita, ónix azul y fluorita violeta. Colocándolas en el entrecejo, con un citrino en el plexo solar, los sensitivos pueden realizar viajes especiales. A las personas con poca conexión psíquica les proporciona una completa relajación.

Los elementales de Plutón

Las enfermedades venéreas pueden curarse por acción de la energía de este astro. Sus elementales regentes son los carroñeros, como los buitres, gusanos, murciélagos y los animales de cavernas. Con el sistema inmunológico de ellos se puede encontrar la cura de muchas de esas enfermedades, aunque sean de tan feo aspecto. Problemas de impotencia y mucosidades vaginales, así como los malestares ováricos, son regulados por la acción de los elementales de Plutón. La manzanilla, de regencia mercuriana, ayuda a solucionar problemas menstruales, ya sea tomada o sentándose en algún recipiente donde capture el vapor de la misma hervida.

Las serpientes y alacranes son marciano-plutonianos, y no molestan a quienes rocían pimienta o ajo en sus ropas.

En cuanto a las piedras, berilo verde, celestita, ojo de gato, soicita, serpentina, opalita negra, ópalo, fluorita violeta, bornita, granate y jaspe rojo.

Colocar un granate o jaspe rojo en la zona sexual ayuda a contrarrestar los problemas que allí se originan.

La bornita ayuda a eliminar células cancerígenas. Debe colocarse en la región afectada.

Plutón gobierna sobre las zonas sexuales.

Ayudas

Prometí un capítulo dedicado a contribuir a la erradicación del mal, amparado en los conocimientos que he recibido tanto de mis gurúes como de compañeros de camino como una contribución para destruir malos actos y ayudar a muchos a salir de asuntos tortuosos.

Cuando se trata de *magia*, buscando aquí y allá, encontramos en el mercado una gran variedad de recetarios que, por lo común, invitan al incauto a proceder mal. Es fácil encontrarse con cuadernillos colmados de recetas de hechicería y brujería barata, mal uso de los elementales, y que contienen títulos como: "Ate a su amor", "Consiga riquezas" y "Vénguese", entre otros. Pero cuando buscamos temas serios y uno u otro libro que eduque, enaltezca y armonice, se hace difícil hallar dónde nutrir nuestro conocimiento. También es escaso el material que ayuda en la solución de un problema ligado a actos de mala magia. Sin embargo, es posible encontrar autores que dan una luz en el camino para el buscador sincero y enseñan con exactitud a combatir esos efectos.

Eliphas Levi, Papus, Therión, Agrippa y Paracelso, entre otros, son autoridades en el tema de la magia del bien. También los hay menos conocidos que ofrecen recetarios blancos, que, sin ser tema de alta magia ceremonial, ayudan de uno u otro modo a combatir todo encantamiento y artimaña de los hechiceros de la magia elemental. Como estos son más escasos, algo que puedo recomendar son las obras de un autor que nos regala varias recetas de alguna cultura gitana; en ellas, trata acerca de limpiezas y ayudas para mejorar las vibraciones etéricas. Me refiero a Draja Mickaharic. Asimismo, remito al lector al libro de Papus *Cómo combatir los maleficios*, a los libros de Alberto el Grande y cualquier otra fuente que pueda ser útil en el tratamiento de los males que antes describí.

En este capítulo de ayudas, detallaré algunos conocimientos adquiridos a raíz de la experiencia y de la continua investigación acerca de cómo poder ayudar en algunos casos especiales. Es mi deber en este libro que trata acerca de la destrucción de demonios ayudar a aquellos que por alguna u otra causa padecen de los no tan misteriosos efectos de la magia elemental, la que con ella misma se combate.

Ya sabemos que existen elementales buenos y que también los hay malos y perversos. También que en el universo toda criatura debe obedecer la Ley del Creador y que los ángeles, en la escala jerárquica, estamos sobre la naturaleza elemental, aunque seamos presa de ella. Ninguna mala criatura se resiste a los que se ordenan dentro del bien universal. Las fuerzas del bien cuentan en todo momento con el amparo de las fuerzas divinas y la ayuda de los buenos elementales. Es por ello que los malos elementales siempre son dominados por los elementales del bien original, los fieles servidores a la ciencia del Creador del universo, Dios. En ello consiste la eficacia de los buenos logros mágicos.

Mucho de lo señalado como brujería en la antigüedad ha venido siendo desmitificado por los hombres de ciencia. Pero en su prisa y por falta de herramientas científicas, varios de los considerados fenómenos son señalados como mitos o creencias, y esto se debe al desconocimiento hacia ese mundo invisible, que es el mundo elemental, y sus efectos.

En la biblioteca oculta del Vaticano reposan centenares de obras de buen propósito decomisadas en épocas de la Inquisición. Ahí están y de nada sirve al hombre de sociedad el que allí se encuentren. Pero hago mediante este escrito un llamado de unión y hermandad a toda persona que conozca por algún medio acerca de limpiezas, purificaciones y exorcismos blancos, que sirvan de ayuda para los afectados por causa de las mañosas actitudes de brujos y hechiceros, a que me escriba, comunicándome sus recetas. De tal modo, entre todos podremos ampliar adecuadamente la información de esta obra. Esto para una próxima edición. Pueden hacerlo escribiendo a astrojolman@yahoo.com.

En algunas ocasiones se han presentado ante mí personas con uno u otro tipo de problema relacionado con la magia. Por algún motivo, fueron víctimas de seres con mal corazón y bajas intenciones que se ensañaron con ellos. Como astrólogo, uno que otro de mis consultantes se acerca buscando explicaciones a casos desconocidos, a situaciones ignoradas por el ojo de la ciencia escolástica, pero que de *forma extraña* afectan sus vidas considerablemente y necesitan de una solución. Generalmente, vienen luego de gastar sumas importantes de dinero, a manos de los desventurados que hacen de estas cosas un comercio vil y mezquino.

¿Acaso Jesús cobró o pidió algo a cambio luego de liberar y sanar? ¿Acaso el Gran Varón accedió a ayudar a sus semejantes solicitando algún cobro?

El servicio es ayudar al hermano que presente dificultades al respecto. Hay quienes sanamente se dedican a exorcizar, limpiar y ordenar las energías ajenas; eso está bien, y si es tal su labor dentro de la sociedad, es natural que de algún modo deban sostenerse en el mundo. Sin embargo, no es pidiendo sumas exorbitantes ni a cambio de propiedades que se les sirve a las personas. Ante esto es bueno tener los ojos muy abiertos. ¡Cuidado con los estafadores!

Mi sincero y leal apoyo a todo aquel que sirve al hermano y no se abusa de él ni de sus calamidades.

Como el asunto es el servicio, y en mi caminar sigo la huella de los grandes iniciados y maestros por la conservación del bien, aporto aquí, en esta obra, mi grano de arena a todo aquel que haya de servirle.

Recetas para limpiezas y exorcismos

Antes de abordar este tema es necesario considerar cuándo es necesario realizar un acto de exorcismo o limpieza. Lo primero es analizar los indicadores que anuncien la presencia de algún efecto mágico; dicho de otra manera, realizar algún tipo de estudio al respecto: síntomas, valoración de situaciones y más.

Cuando las cosas no marchan bien o no toman el curso deseado, normalmente algunas personas creen estar bajo el influjo de algún hechizo o artificio mágico. Pero se debe ser más profundo y analizar si esta situación no proviene de agentes cósmicos. Debo indicar a este respecto que los movimientos de los cuerpos planetarios, en algo que conocemos los astrólogos como tránsitos planetarios, pueden ocasionar esos efectos en cualquier área del desarrollo humano: laboral, afectivo, económico, sentimental, familiar, social, sanidad, sendero espiritual y más. Esto cuando una energía del macrocosmos angula negativamente contra una del microcosmos-hombre y de esa lucha provienen las enfermedades, el deterioro de tejidos y la emanación de la energía que produce malos ambientes en tales áreas. Esto lo puede analizar cualquier astrólogo y no se le puede atribuir que sea víctima de alguna mala voluntad humana; simplemente es el accionar planetario que, por algún lapso de tiempo, está ocasionando un bloqueo energético en tal o cual área de la vida. Esto se desbloquea con el uso de cristales y piedras semipreciosas.

Pero si el caso es que, siendo favorables las circunstancias astrológicas para el individuo, su vida no presenta bienestar en alguna de estas áreas, entonces sí debe inspeccionarse sobre la mala acción de alguna entidad elemental perturbadora, en cuyo caso amerita una limpieza o un exorcismo.

Cuando se trata de elementales nocivos, la forma de erradicarlos es por medio de la limpieza, pero si el caso es de alguna invasión provocada por algún demonio, entonces es necesario operar un exorcismo.

Los síntomas que determinan si se es víctima de algún artificio mágico son: aparición de enfermedades extrañas de difícil diagnóstico, dolores de cabeza extraños, presencia de malos olores o continuas pesadillas.

Si el caso es una posesión a causa de alguna entidad, es fácil detectarlo, porque la persona es invadida por pensamientos nefastos, mortíferos, y normalmente se aísla, en medio de una completa soledad. No debe confundirse esto con el deseo que cada quien tenga de estar a solas. Este es un derecho que debe respetarse. En los ojos también pueden verse algunos detalles. Uno de ellos es que los poseídos tienen una mirada nublosa que no sostienen y, en ocasiones, babean demasiado.

Para ambos casos, daré soluciones, mas deben recordar que a nada de eso se debe temer; este fue un tema que tratamos adecuadamente en el transcurso de la obra.

Receta para detectar hechizos

Cuando tenía dieciocho años, conocí a un hombre noble, de quien aprendí algo que por muchos años cautivó mi mente investigadora. Durante años, busqué una respuesta satisfactoria a este asunto, mas cuando comprendí la acción del plano mental pude entender cómo operan las recetas relacionadas con ese reino.

Se trata de envolver un limón en un billete y papel aluminio. El procedimiento es el siguiente. Un martes debe contarse un limón en tres partes, de tal modo que no se hieran los ombligos. El individuo tiene que comerse todo el interior del limón, cuidando de las cáscaras; estas no deben despegarse, y en ello radica la dificultad de este proceso; sin embargo, no es imposible. Una vez limpia y sin que se haya despegado, se envuelve en un billete de bajo valor comercial, y este, a su vez, en papel aluminio. Se hace un bultito donde el limón queda dentro del billete y este último dentro del papel aluminio. Se debe portar consigo dentro de la ropa y luego se destapa el viernes que sigue a ese martes.

Cuando se destapa, en caso de que el individuo haya sido intoxicado con alguna toma o bebedizo, este limón se tornará negro, por causa de una pelusa oscura que se adhiere por todas partes. Si se trata de ataques psíquicos en el astral por medio de fotografías o partes del cuerpo, como uñas, cabello, sangre o piel, se ve tinturado de rojo o presenta una escarcha blanca alrededor y dentro de este. Estos elementales, después de usados, deben entregarse a un río donde el agua se lleve lo que allí se hubiera capturado.

Increíblemente, funciona. Al principio, pensé que era natural que un limón se deteriorara al faltarle el oxígeno o simplemente porque entraba en estado de putrefacción, pero una vez realizada la limpieza y vuelto a hacer el mismo procedimiento, la cáscara del limón sale totalmente limpia y adquiere un color que anuncia que va en proceso de tostado. Esta corteza de limón se puede usar como una contra que proteja de nuevos ataques psíquicos. Se puede llevar consigo en la ropa.

Lo he utilizado muchas veces y resulta un efectivo indicador que avisa cuando se ha sido víctima de alguna mala intención y, además, sirve para revisar que el proceso de limpieza haya tenido éxito.

Pero ¿cómo y por qué funciona?

Analicemos los componentes.

Un limón es un elemental de Marte que combate todas las malas energías. Al cortarlo en tres partes, estamos haciendo una incisión cabalística. El contenido irá dentro del organismo, combatiendo y limpiando, y se enlazará con la cáscara que está fuera, depositando en ella toda la lectura hecha en el interior.

Un billete. No hay algo donde se concentre mejor la energía mental de la humanidad y todas sus intenciones que en el dinero. Este cumple la función de atraer las energías intencionales de aquella persona que ocasiona tal acto.

El papel aluminio funciona como un espejo-cárcel donde las entidades o energías capturadas no pueden escapar.

Del día de Marte al día de Venus. La órbita de la Tierra se encuentra ubicada en medio de las órbitas de estos dos planetas. Marte gobierna lo sanguíneo, y Venus, lo divino. Se relacionan con la sangre elemental y el alma, respectivamente.

Úselo todo aquel que tenga dudas; es fácil, económico y efectivo. Como mínimo, lo limpiará de larvas del astral.

De salir sucio, lleve todo al río. De salir limpio, deje la corteza del limón como elemental protector y lleve el resto al río. No es conveniente que el billete vuelva a usarse, porque circulará con su energía personal. Por ello, recomiendo utilizar uno de baja denominación. Cualquiera sea el resultado, agradezca a todos esos elementales el haber brindado esa información.

Portar consigo un ajo macho también funciona como indicador de procesos mágicos. Este es un tipo de ajo de un solo diente que, por lo general, es pequeño, y su aspecto se asemeja a un trompo. Si este se conserva sano y fuerte, indica que las energías elementales del sujeto son normalmente estables. Pero si se ablanda o se torna acuoso, como para descomponerse, indica que se es presa de algún artificio elemental.

Existen otros tipos de indicadores como el agua y los huevos; también son efectivos al momento de realizar una prueba.

LIMPIEZAS CON ELEMENTALES

Conociendo el resultado de un indicador, ¿qué debe hacerse en caso de encontrar anomalías al realizar las pruebas?

Lo primero es eliminar de la mente y del corazón todo tipo de sentimiento mezquino. Normalmente, las personas se dedican a buscar el culpable; esto lo he corroborado una y otra vez, y aquí va un consejo al respecto. El odio, el rencor, los malos pensamientos y los sentimientos negativos no son buenos colaboradores si se trata de liberarse de energías dañinas. El abandonar la idea de que el culpable pudo haber sido fulano o zutana ayudará, en efecto, a desprender la dimensión mental de tal asunto. En caso contrario, se intoxica el ser y se carga de demonios, como lo vimos en capítulos anteriores, y esto hará al individuo más daño que bien. Antes de apartarse de la intención de su verdugo, la estimula. Es necesario mantener la mente libre del veneno de la ira y de los rencores.

Lo siguiente es una clara ubicación del objetivo. Del mismo modo en que por accidente se cae en un pantano y luego se procede a lavarse los pies y el calzado, así se procede con una limpieza orgánica y energética del ser.

Los hechizos actúan porque en el organismo de una persona existe un elemental receptor de las intenciones del brujo o hechicero. Al cabo, lo que se requiere es eliminar a ese invasor. Los elementales marcianos son los más efectivos para realizar esa tarea; no solo los deshacen, sino que también los exterminan. Recuerde siempre que los elementales escuchan y todo ruego o petición les indicará cuál es el deseo del operante.

Recetas limpiadoras

1. Contra bebedizos y hechizos

Si hemos de operar con la energía marciana, entonces debemos utilizar el día y la hora de este planeta. Entonces, nos ubicamos en un martes, a cualquiera de las tres horas de esa regencia que se presentan durante el día. Esto es a las 6 a.m., 1 p.m. y 8 p.m. El procedimiento debe elaborarse con antelación, de modo que a cualquiera de esas horas se haga la operación. No es estrictamente necesario que sea en punto, no se obsesione con ello; en el marco de esos sesenta minutos puede realizarlo.

En un litro de agua, vierta los siguientes elementos: tres limones cortados en cruz sin herir los ombligos, una cabeza de ajo entera, sin pelar, una ramita de romero, clavos de olor, canela en astilla, una cucharadita de pimienta blanca y una cucharada de sal. La pimienta pica en las zonas nobles, por lo que se debe ser prudente con ella.

Luego de la cocción, debe cernirlo. Recuerde que los desechos no se botan; se reintegran a la naturaleza.

A este preparado, le puede pedir su intención de limpieza, mejor si se dirige hacia el Este. Cuando lo haya hecho, tome siete sorbos de ello y luego báñese desde la cabeza con el resto; no debe secarse, puesto que ello queda como última agua.

Estos elementales son bastante efectivos, aparte de que estimulan el sistema inmunológico; exterminan hasta los virus de la gripe.

No se debe renegar ni decir obscenidades a los elementales, aun cuando tienen mal sabor.

2. Contra bebedizos y hechizos

Se utilizan dos cabezas de ajo y pimienta blanca.

Las dos deben rallarse por separado. Una de ellas servirá para uso externo y la otra para uso interno. Este es un proceso un poco traumático, pero muy efectivo.

A la misma hora y día de Marte se debe proceder del siguiente modo: untar todo el cuerpo con ese elemental. Luego, rociar la pimienta en todo el cuerpo, procurando que sea mínima en los ojos, las fosas nasales y los genitales.

Luego, comer una cucharada de la otra cabeza de ajo, la cual actuará internamente. Bajará como un bolo de fuego, por lo que no debe asustarse. Tómese seguidamente un vaso de agua para contrarrestar la sensación. Esto limpiará internamente todo el organismo. Recuerde haber solicitado el propósito a los elementales.

Debe sostenerse en el tratamiento el tiempo que pueda soportar, pues la pimienta, al cabo de un rato, causa bastante comezón. Luego, báñese y allí termina la limpieza.

3. Contra larvas etéricas

Para el caso se necesitan seis hojas de almendro y un limón.

Se parte el limón por la mitad y se procede a frotar todo el dorso con el limón. Luego se colocan las hojas de almendro, formando triángulos. Adelante, con tres hojas, un triángulo con la punta hacia arriba y las de atrás, uno descendente con las sobrantes.

Se deben despertar las fuerzas elementales con las vocales *i* y *e*, alargándolas en un mantram sonoro. Después, descanse un poco, concibiendo la luz de su aura para posteriormente bañarse.

Este es un agente eliminador de larvas para cuando se sienta cargado o haya visitado algún sitio saturado de estas, como moteles, cantinas, bares o cementerios. Funciona muy bien los martes.

4. Contra bebedizos y hechizos

Esta es muy útil y efectiva. Me la brindó desde lo etérico mi maestro Huiracocha en momentos en que le solicité una ayuda. ¡Gracias, maestro!

Un sábado a las 6 p.m., haga una infusión de altamisa, albahaca y un limón. Debe cernirse y luego tomarse. Es muy efectiva y agradable, además. La altamisa, en pocas dosis. Recuerde devolver los elementales a la naturaleza.

5. Contra hechizos, bebedizos, rezos, encantamientos con fotografías y conjuros

Hágase un domingo a la hora del Sol: 6 a.m., 1 p.m. u 8 p.m.

Para el caso, se requiere un coco. A este se lo pasa de abajo hacia arriba por cada una de las extremidades en las caras laterales, anteriores y posteriores, luego por el dorso adelante y atrás en la espalda. De este modo, se pasa siete veces. En cada una de ellas, órese un Padrenuestro y conjúrese: "Que salga el mal y que entre el bien, así como entró Jesús en Jerusalén".

Al terminar, lleve el coco a un río, en lo posible limpio, y pida a los elementales del río que se encarguen de lo que allí aprisionaron.

6. Contra maldiciones, conjuros, hechizos con fotografías o partes del cuerpo como cabellos, uñas o sudor en las prendas de vestir. También contra hechizos de sangre, ligaduras, santería y eliminación de demonios

Se debe tener una libra de sal, 350 mililitros de alcohol, un vaso, una vela y fósforos.

Se trata de hacer el símbolo del Sol. Todo esto debe realizarse mirando al Este.

En el centro tiene que ir la vela o candela metida dentro del vaso, esto con el fin de que el aire que se genere al interior no la apague. Luego, en el Este, se hace una cruz con la sal y se procede a realizar una circunferencia en sentido antihorario, que cerrará en la misma cruz. Una vez encerrado en el círculo no se puede salir bajo ninguna circunstancia hasta que termine el ritual, por lo tanto, debe tener adentro el alcohol y los fósforos. Si desea sacar algo del círculo, como la botella o la bolsa vacía donde estuvo la sal, puede hacerlo a través del símbolo de la cruz.

Luego de realizado el círculo de sal, el cual debe ser amplio, se procede a repasarlo con alcohol, de modo que no queden huecos y revisando que no se precipite al centro del ritual, porque podría ser peligroso para el operante. Debe hacerse del mismo modo en que procedió con la sal, cerrando en el Este. Acto seguido, encienda la vela y encienda el círculo por la cruz.

Se formará el símbolo del Sol con el individuo adentro. Este debe pedir en esos momentos la ayuda de las huestes celestiales y la eliminación de cualquier tipo de artificio mágico que se haya realizado en su contra. Esto se hace mirando al Este y con los brazos en cruz.

Cuando se ha terminado, se abre la puerta con algo plano por la cruz. El individuo puede salir y procede a barrer la sal en sentido de las manecillas del reloj. La recoge en una bolsa de papel que luego llevará a los elementales del río, solicitándoles que se encarguen de lo allí recogido. La bolsa de papel es ecológica y biodegradable.

No debe realizarse ni un martes, ni un sábado. Es muy efectivo bajo la regencia solar; esto es un domingo, a las horas del Sol.

7. Para liberarse de un espíritu, abriéndole una puerta dimensional

El procedimiento es similar al anterior, solo que en el interior debe colocarse una cala,[14] un vaso con agua y otro con la vela. Todo esto formando un triángulo con la cala en el Este, el agua al Norte o a la izquierda, y el fuego al Sur o a la derecha. Con ello se fabrica la puerta dimensional. Esta forma un triángulo relativamente pequeño a los pies del individuo.

---

14 También se la conoce como lirio de agua, alcatraz, aro de Etiopía, cartucho o lirio cala.

Se procede del mismo modo que en el anterior, encendiendo la llama y la circunferencia, deseando que el espíritu invasor sea atraído por la puerta etérica y abandone la morada que no le pertenece. Se pide ayuda a las jerarquías espirituales en este proceso para que reciban a ese ser y le destinen lo que a él o ella corresponda.

Luego de apagado el fuego de la circunferencia, se recoge de igual manera que en el proceso número 6. La cala se deja allí hasta que el fuego de la vela se apague por sí solo. Finalmente, se lleva el agua y la cala a un jardín donde terminarán su ciclo con la naturaleza.

8. Para erradicar un mal que persiste cuando ya se han agotado las otras técnicas

Realice los mismos procedimientos que en el numeral 6, pero esta vez consagre cuatro huevos blancos. En cada uno, dibujará la estrella de seis puntas que corresponde a la naturaleza.

Luego de ello, ubíquelos como guardianes del Este, Norte, Sur y Oeste. En ellos se capturará cualquier artificio elemental, mágico, entidad, demonio, espíritu o energía. Por esta causa, debe pedirles a las energías elementales de los huevos que realicen tal encadenamiento.

Estos huevos deben ir en un vaso de agua cada uno, de modo que el proceso osmótico permita la captura.

El individuo se sitúa en el centro de ellos, con los brazos en cruz, solicitando a las jerarquías de la *luz* que lo ayuden en la liberación de cualquier energía que lo ate. Al finalizar el fuego del círculo, proceda a retirar los vasos con los huevos uno por uno, recorriendo el círculo por dentro, en dirección de las manecillas del reloj. Retire del círculo el guardián del Este, luego el del Norte y el Oeste, y finalice con el Sur. Cada vaso, vacíelo en el agua del baño, cuidando de que estén tapados todos los espejos. El huevo debe envolverlo en papel periódico para que no se rompa, y una vez recogido todo, como en el ritual anterior, debe llevar los huevos a un río limpio, solicitando a los elementales del río que se encarguen de ello y de la sal.

No debe hacerse ni martes, ni sábado.

9. Contra hechizos

Para el caso, se requiere un huevo blanco.

En luna llena, pásese un huevo de pies a cabeza, luego llévelo a un río y arrójelo de espaldas, sin volver a ver dónde cayó. Asimismo, debe partir, dejando esa energía para que el río se encargue de ella.

10. Contra ataduras y hechizos del plano mental

Hace pocos días me contaron de una receta que me pareció muy original. Tómense dos hojas grandes de periódico, enróllelas y luego proceda a hacer una cruz con ellas. Luego de esto, enciéndala y, mientras arde, salte en los cuatro cuadrantes, en dirección contraria a las manecillas del reloj iniciando por el Este. Esto eliminará envidias y otras cosas.

Se utiliza un símbolo sagrado y también el periódico, que es una energía donde se plasma el plano mental humano, mientras que el fuego es purificador.

Ya hemos tratado el tema de las limpiezas, ahora veamos algo relacionado a las protecciones.

Elementos de protección

Estos se refieren a las energías que ayudan a eliminar la presencia de entes malintencionados. Para el caso, son muy importantes los símbolos sagrados, el incienso, la buena música, los aromas agradables, el uso de campanas, elementales protectores como las plantas y las piedras, el agua bendita y más.

Símbolos: todo símbolo es una representación de algo. En el caso de los relacionados a la ciencia espiritual, se encuentran egregorizados por todas las culturas que han posado su buena energía en estos. Tal es el caso de la cruz, las estrellas de cinco y seis puntas, las runas sagradas y la estrella de siete puntas, por ejemplo. Las malas entidades no soportan la carga egregórica de un buen símbolo.

Talismanes y amuletos: normalmente son grabados por magos, se encuentran en muchos libros y debe escogerse un día adecuado y un material apropiado en donde grabarse. Se hacen a menudo con los dibujos de los ángeles y genios de los planetas, buscando de ellos protección, en caso de los talismanes, y ayuda, en caso de los amuletos. Son sagrados y debe cuidarse de no hacer un mal uso.

Ángeles energéticos: pueden crearse cuando se tiene conciencia de una energía y el propósito que se les encarga. Se debe ser cuidadoso con la conciencia cósmica que se captura allí. De la irresponsabilidad pueden surgir problemas. Por ello, después de usarlos, deben quemarse para liberar su energía. Yo en mis otras obras enseño a construir estos con números, letras hebreas y runas escandinavas.

Imágenes sagradas: se encuentran egregorizadas por las distintas culturas que han plasmado en ellas gran energía mental y espiritual. Las Vírgenes, el Sagrado Corazón de Jesús, el Buda, Krishna y otros me sirven de ejemplo. Debido a esta buena carga de energía, se convierten en portadoras de *luz* y en puertas astrales para la distribución de buena energía.

Círculos mágicos: pueden realizarse de varios modos. Lo visto en relación a los círculos de sal es un ejemplo de ello. También puede realizarse esto mismo con el carbón vegetal. Con las letras sagradas como las runas, las letras hebreas, los números del cero al nueve y los veintidós arcanos del tarot pueden realizarse círculos mágicos de protección y gran poder.

Debe colocarse siempre su primer elemento en el Este y se transcurre en dirección contraria a las manecillas del reloj.

Oración: es la conexión con Dios y las jerarquías espirituales. Hacer el bien y orar es garantizarse la liberación y la no perturbación por parte de cualquier entidad, además de que se tiene la autoridad para apartarlas, gracias a la continua asesoría que acompaña al orador. Me refiero a la presencia de ángeles y seres de *luz*.

El uso de los buenos elementales: esto ya lo hemos tratado antes y lo esencial es tenerlos presentes en la residencia. Sembrar verbena, ruda, aloe o sábila, rosas, bambú y altamisa es una buena recomendación para mantener la casa alejada de malas vibraciones.

Estas son mis aportes en relación a limpiezas elementales, protecciones y la destrucción de demonios. Todo ello, lo he puesto en práctica una y otra vez de forma gratuita, logrando liberar a muchos de terribles influencias del mundo etérico y devolviéndoles el bienestar.

Siempre he sido y seré por la eternidad un ser dedicado a combatir el mal. Mi recompensa, como servidor de la *luz*, es la dulce sensación de aliviar el dolor del hermano a través de mi conocimiento.

Bien, aquí termina esta obra, con el deseo de que sirva de orientación y de guía a muchos en la solución de sus problemas propios y de su propio aprendizaje.

Como consejo, no me cansaré de decirle que siempre haga el bien, que avance por el camino que desee, pero que nunca olvide que es una entidad consciente del universo y que la *luz* de la sabiduría siempre escucha y ayuda a sus hijos en todas las instancias.

Siga su huella, avance en la conquista de usted mismo, lea, instrúyase, levante su mirada hacia el cielo y busque el sendero del bien para *que las rosas florezcan siempre sobre tu cruz.*

AL HERMANO COMENDADOR RESHAI

Muy temprano comenzó mi curiosidad por las ciencias divinas. Fui un niño normal con fascinación por la oración; era silencioso e intuitivo. A mis quince años, inició mi interés por la ciencia espiritual, mas no fue sino hasta mis veinte años, al seguir la huella espiritual de mi tío Arcadio, que decidí ingresar a la escuela Rosacruz, y en ella conocí a muchos hermanos, quienes continuamente trabajan por su propia evolución. Pero esta historia no es completa sin agradecer y analizar en este aparte la labor del maestro, el Hermano Comendador Reshai.

¿Qué habría sido de mi misión si su misión hubiese fracasado?

Encontrar una orden en Europa o en Oriente, quizás hubiese sido más fácil, pero nací en Sudamérica, allí donde el fanatismo ideológico de las religiones repercute en todo intento por alcanzar la *luz*. No habría sido fácil para mí encontrar el camino si no hubiese sido por la labor del maestro Reshai, y antes, del maestro Huiracocha.

Reshai tiene la misión de abrir una escuela iniciática. Su nombre social es Gabriel Arcángel Sánchez Gaviria y es un fiel continuador de la misión del maestro Huiracocha. Asimismo, lo hacen otros hermanos rosacruz en el continente.

Su labor, como la de su maestro-guía, es ardua y consagrada al servicio del camino jerárquico de la *luz*. A ello dedica y dedicó su vida. Este hombre, abocado por completo al servicio de la *luz* de *Dios*, hizo su vida al amparo de la sabiduría de las excelsas jerarquías espirituales.

Yo he nacido en esta bella ciudad colombiana, considerada por su pulcritud como la tacita de plata, sacudida en el pasado por fuertes vientos de violencia: Medellín, una ciudad llena de gente linda y de corazón generoso.

¿Por qué la vida me llevó a nacer allí? No lo sé. Por momentos pienso en el karma personal, a ratos en que mi papel se encontraba allí, pero si analizo con más profundidad, creo que un propósito mayor y superior lo tienen las *jerarquías de la luz* al colocarme en manos de este hombre, quien sería mi tutor y mi maestro en mis primeros pasos.

A él mi agradecimiento sincero por orientarme a mí y a muchos en el sendero iniciático. Este humilde hombre, pleno de paz y sabiduría, fue quien abrió mi sendero en esta encarnación y me permitió conocer las puertas hacia la conciencia divina.

Hoy, tras el paso del tiempo y una conciencia despierta, aquí, desde lejanas tierras, mi alma no deja en el olvido sus enseñanzas, su amabilidad, su dulzura, sus ojitos de viejito bueno, la orden, los hermanos, los rituales sagrados e iniciáticos, y la excelsa labor de este buen hombre en las enseñanzas fieles al doctor Krumm Heller, maestro Huiracocha.

Un abrazo, el más fraterno a la distancia, a este ser, a quien dediqué mi servicio como cooperador de su misión en algunos de los distintos grados de la orden y a quien, con amor y hermandad, escribí mi primer libro, único ejemplar dedicado a él para su 61º aniversario, titulado *El que calla... El que sabe...*, para agradecerle el haberlo conocido y la oportunidad de estar bajo su amparo.

¡Mil gracias, Hermano Comendador Reshai, mi *enrutador* en la dimensión física, mi maestro!

Jolman Trujillo, su discípulo

ÍNDICE

Introducción	5
El yo dentro de un septenario	7
Los cuatro elementos	12
Aquello que nos hace diferentes	19
El descendimiento de la mónada	23
La tríada divina	31
El yo elemental	35
La mente inconsciente	47
Los dos yo	57
La educación del yo	61
El rescate del yo superior	67
El inconsciente colectivo	71

El proceso de liberación	77
La destrucción de demonios	81
La dimensión física	82
La dimensión vital	82
La dimensión astral	84
La dimensión mental	85
Los planos de la *luz*	93
La ayuda de las jerarquías de la luz	99
El plano elemental	105
Los buenos elementales	108
Los malos elementales	113
Los ataques psíquicos	117
Los elementales	118
Los divinos	118
Otras entidades	119
Los ataques al plano vital del individuo	121
Los ataques al plano astral	123
Los ataques al plano mental	126
Los ataques a la *luz* espiritual	137
La libertad mental	139

La confrontación de demonios	149
El retorno a Dios	155
Conclusiones	169
Obras publicadas	170
En proceso de edición:	170
Apéndice	171
Los planetas, los colores y la magia	172
Orden de las horas planetarias	183
Las regencias planetarias en el organismo	184
Los números y los planetas	189
Las esencias personales	191
Resumiendo:	195
Los gobernantes cósmicos de la naturaleza terrestre	197
Sol	198
Luna	198
Mercurio	199
Venus	200
Marte	200
Júpiter	201
Saturno	202
Urano, Neptuno y Plutón	203

Ayudas	207
Recetas para limpiezas y exorcismos	210
Receta para detectar hechizos	211
Limpiezas con elementales	214
Recetas limpiadoras	215
Elementos de protección	220
Al Hermano Comendador Reshai	223

Editorial LibrosEnRed

LibrosEnRed es la Editorial Digital más completa en idioma español. Desde junio de 2000 trabajamos en la edición y venta de libros digitales e impresos bajo demanda.

Nuestra misión es facilitar a todos los autores la **edición** de sus obras y ofrecer a los lectores acceso rápido y económico a libros de todo tipo.

Editamos novelas, cuentos, poesías, tesis, investigaciones, manuales, monografías y toda variedad de contenidos. Brindamos la posibilidad de **comercializar** las obras desde Internet para millones de potenciales lectores. De este modo, intentamos fortalecer la difusión de los autores que escriben en español.

Nuestro sistema de atribución de regalías permite que los autores **obtengan una ganancia 300% o 400% mayor** a la que reciben en el circuito tradicional.

Ingrese a www.librosenred.com y conozca nuestro catálogo, compuesto por cientos de títulos clásicos y de autores contemporáneos.

www.ingramcontent.com/pod-product-compliance
Lightning Source LLC
Chambersburg PA
CBHW021140230426

43667CB00005B/199